语文教学有效性研究

刘莹莹　魏佳义　卫　翔　著

中国商业出版社

图书在版编目（CIP）数据

语文教学有效性研究 / 刘莹莹，魏佳义，卫翔著．北京 : 中国商业出版社，2024．12．-- ISBN 978-7-5208-3236-6

Ⅰ．H193

中国国家版本馆CIP数据核字第2024AV5602号

责任编辑：吴　倩

中国商业出版社出版发行

（www.zgsycb.com　100053　北京广安门内报国寺 1号）

总编室：010-63180647　　编辑室：010-83128926

发行部：010-83120835/8286

新华书店经销

北京七彩京通数码快印有限公司印刷

*

710 毫米 ×1000 毫米　16 开　8.75 印张　190 千字

2024 年 12月第 1 版　2024 年 12月第 1 次印刷

定价：50.00 元

* * * *

（如有印装质量问题可更换）

前　言

在语文这门基础教育的重要学科中，其核心价值远超言语沟通的基础功能，它实质性地担当起文化继承与传播的核心媒介，构筑起人与人之间深刻理解与情感互动的稳固纽带。此学科深刻蕴含了中华民族悠久历史所积淀的深厚内涵与璀璨文化所展现的辉煌成就，同时汇聚了人类智慧的精华部分与情感共鸣的广泛维度，展现出其不可替代的学术价值与人文意义。在语文的引领下，我们得以窥见先贤智慧的精髓，这一过程极大地拓宽了我们的精神视野，促进了人文素养的深厚积淀。在当今这个日新月异的时代，社会的飞速发展与科技的突飞猛进共同塑造了对人才多样化与高层次需求的崭新格局。在此背景下，强化语文教学的实效性与深度，无疑成为培育符合时代要求人才的关键所在，其重要性越发凸显。

本书对语文教学有效性进行了一系列的研究。共有六章内容。第一章为语文教学有效性概述，从语文教学的基本概念出发，分析了语文教学有效性的内容与基础。第二章为小学语文课堂教学有效性分析，对小学语文教学的概念及相关判断依据进行了分析，总结了当前小学语文课堂教学有效性存在的问题。第三章为初中语文生成性教学有效性分析，简述了生成性教学的基本概念，对生成性教学在初中语文教学中的运用进行了讨论。第四章为高中语文线上教学有效性分析，立足于当今信息化时代的特点对高中语文线上教学进行了分析，对高中语文线上教学有效性进行了研究。第五章为大学语文教学有效性分析，简述了大学语文教学相关概念与有效性教学。第六章为提升语文教学有效性的相关对策，从各个阶段分析语文教学的策略，总结了不同层面上提升语文教学有效性的途径。

本书在写作过程中参考了相关专家学者的著作，在此一并表示感谢！由于时间仓促，水平有限，错误与疏漏在所难免，欢迎各位读者多提宝贵意见。

目　录

第一章　语文教学有效性概述

第一节　语文教学有效性

一、语文教学的定义

语文教学过程，在教育教学的广泛实践中，聚焦于语言文字相关知识与技能的传授，借助多样化的教学活动与方法论，旨在全方位塑造学生的语言运用能力、表达技巧、文化底蕴以及批判性思维能力等综合素养，构成了一个综合而深入的教学体系。语文教学之核心，旨在通过系统性地传授语文知识与技能，使学生深入掌握语言文字之内在法则与实践技巧，进而实现思维与情感的精准、流畅、恰切传达。同时，促进学生深刻领悟并鉴赏多元文学作品，从而全面提升其文化修养与人文底蕴，塑造更为丰富的精神世界。

二、教学有效性

（一）教学有效性的内涵

有效教学，作为衡量教学质量的重要标尺，自新课程改革浪潮涌起后，便成为教育界同仁广泛瞩目的焦点。关于其定义，学界探讨热烈，观点纷呈：部分学者援引经济学视角，聚焦于效益、效率及成效的考量；亦有论者从“教学”与“有效”两概念的本质出发，进行深度剖析；更有学者立足于学生成长与发展之维，进行全面审视。然而，综观各方论述，不难发现，不少解读仍倾向于应试导向的片面性，亟须更加全面而深入的理解与探索。随着核心素养作为教育培养核心目标的提出，当前教育领域对有效教学的认知已悄然转变。普遍认为，有效教学是在深刻理解学生学情、遵循教学客观规律的基础上，教师高效促进学生学科核心素养的显著提升的同时，圆满达成既定教学目标，实现教与学的和谐共生与共同进步的教学实践。此新视角下的有效教学，其核心要素可归纳如下：首要条件是聚焦于学生学科核心素养的实质性增进；其次，有效教学要求教师充分发挥其引领作用；再次，有效教学需设定清晰明确的目标，并辅以坚实有效的实施路径；最后，有效教学强调师生间的紧密协作，旨在促进双方共同学习、共同成长。

（二）教学有效性的理念

第一，聚焦于学生成长的轨迹与潜能的提升，首要任务在于教师需秉持“主体化”视角。教学乃师生共舞之舞台，缺失“学”之参与，则“教”便失去其意义，故而，教师需深刻认知学生的主体性，秉持“以学生发展为核心”的教育理念。此外，教师还需拥抱“全人教育”的理念，认识到学生的发展应是全方位的，超越单一学科或技能的增进。教师不应孤立地高估其所授学科的价值，而应将其视为促进学生全面人格塑造的基石，致力于培养一个完整而丰富的人。

第二，重视教学效率的优化。在教学实践中，教师应避免仅凭直觉行事，亦不可片面地将“效率”简单理解为“在有限时间内灌输最大化知识量”。教学效益的真正衡量，并非仅在于传授内容的广度，而应是对学生单位学习时段内学习成效与学习路径的深度考量与平衡。

第三，聚焦于可衡量性与量化标准的合理性，教学目标的设定应力求清晰而详尽，以确保对教学质量进行精准评估。然而，需明确的是，量化本身并非评判优劣的绝对标准，亦非科学性的代名词。我们应秉持科学态度，审慎融合定量分析与定性评价，兼顾过程评估与结果导向，以全面而综合的视角展现学生的学习成效与教师的工作绩效。因此，在追求有效教学的过程中，既要避免对量化的盲目排斥，又需警惕过度量化可能带来的偏颇与局限。

第四，需要教师具备一种反思的意识。每一个教师要不断地反思自己的日常教学行为。

第五，有效教学是一套策略。要求教师掌握有关的策略性知识，以便于自己面对具体的情景作出决策，并不要求教师掌握每一项技能。

（三）教学有效性的关键行为

1. 清晰授课

授课明晰度，作为教学关键维度之一，要求教师授课时发音清晰无误，确保学生的注意力集中无碍。教师应深入浅出地阐释概念，引领学生循序渐进地掌握课程内容，尤其需要注重授课重点的普适性，使不同学习层次的学生均能领悟。当教学表达清晰透彻时，学生自然能迅速把握教师意图，从而提高教学效率，为教学进程的深入预留更多宝贵时间。此外，教师在讲解时应展现高度的逻辑性与条理性，避免冗言赘语，追求语言之精练与表达之清晰的同时，注入感染力，使教学更加引人入胜。特别是在小学低年级语文课堂，教师应擅长运用儿童化的语言艺术，让教学话语充满亲和力，拉近师生间的距离，营造温馨和谐的学习氛围。

2. 多样化教学

多元化教学策略的核心，体现在教师展示课程内容时所展现的多样性与变通性。精通提问的艺术，是教师实现教学多元化的重要桥梁。教师需灵活采用多种教学方法，以激发学生的创新思维为核心目标，同时，巧妙地融入教学媒体与技术，旨在有效吸引并保持学生的注意力。在施教过程中，教师应以饱满的热情投入，用自身的感染力去激发学生，同时，应重视课堂提问的策略性，积极倾听并全面接纳学生的见解，展现出对每位学生的充分理解与深厚耐心。

3. 任务导向教学

任务中心教学法聚焦于教师在课堂内教学时间的有效分配。具体而言，教师应审视在单次授课中，实际投入讲授新知、激发学生思考（通过提问）的时间占比，以及投入解答疑惑与评估教学效果的时间分配。相较于琐碎的程序性活动，如分发教材、收集作业或资料审核等，这些活动应优化至课前或课后进行，以确保课堂时间的高效利用。教师应清晰界定课堂教学的核心使命，认识到课堂时间的宝贵与有限，确保每一分钟都聚焦于教学的核心任务上。教师应当明确，步入课堂即意味着全身心投入教学，而非处理行政事务、调解学生纷争，更非偏离主题、漫谈与学业无关的话题。

4. 学习投入

激发学生主动融入学习历程，是构建高效课堂的关键所在。在此过程中，学生的全情投入与积极参与是衡量教学效果的重要标尺。若学生在课堂上频繁分心、随意走动或交谈，则明显反映出其未能真正融入学习进程之中。即便教师的教学设计遵循任务导向原则，各环节皆精彩纷呈，若学生未能主动投入，缺乏深度思考与专注学习，那么教学的实际效果将大打折扣。因此，促使学生积极参与、主动思考，成为提高教学质量不可或缺的一环。

5. 确保学生学习的成功率

有效教学的最后一个关键行为就是确保学生学习的成功率。学生学习的成功率，是指学生理解和准确完成练习的比率。

确保教学高效性的核心在于五大关键策略：授课的明晰性、教学方式的多元化、任务导向的明确性、学生学习过程的深度参与，以及对学生学习的成功率的积极促进。然而，要实现这些关键策略在课堂上的有效实施，离不开一系列辅助行为的协同作用，如激发学生思维与潜能、精心设计课堂活动、巧妙设置提问环节、深入探究学生疑问、构建和谐的师生关系等，这些辅助行为共同构成了教学有效性的坚实基石。

三、语文教学有效性

语文教学的有效性，聚焦于教学过程之中，考察教师所采用的教学方法、战术与实践活动能否切实促进学生的语文素养实现质的飞跃。这一飞跃涵盖了语言基础知识的牢固掌握、语言实践技能的灵活运用、文学审美鉴赏力的显著提升，以及深厚文化底蕴的逐步积累。而语文教学有效性的精髓，则在于精准助力学生达成语文课程标准所确立的多维度发展目标，具体涵盖语言文字驾驭能力的增强、思维逻辑的拓展深化、审美感知的敏锐化，以及对文化传承与创新理解的深刻把握。

在语文教育的实践场域中，教学成效的多维度展现尤为关键。首要任务，教师需深入洞察学生个体差异与语文课程特性，精心构建既契合学生认知水平又贴近其生活经验的教学目标与内容框架，以此激发学习动力，促进知识内化。进而，教师应灵活施展多元化的教学手段，包括但不限于讲授、研讨、协作学习及探究式学习等，旨在适配多元学习偏好，强化课堂互动，提高学生参与度。此外，培养学生的自我驱动学习能力亦不容忽视，教师应着力引导学生掌握资源利用的艺术，提高阅读与写作效率，并鼓励其在日常情境中灵活运用语文知识，从而实现知识向能力的有效转化。

增强语文教学实效性的关键在于教师需拥有扎实的专业底蕴、广博的教学履历以及敏捷的教学应变能力。为此，教师应秉持持续学习与研究的精神，紧跟教育理念的革新步伐，深入探究新型教学方法，时刻关注语文教育领域的最新进展。通过积极参与专业培训、教学研讨会等活动，教师能不断提升个人专业素养与教学技艺。此外，构建与家长、学校及社会各界的紧密合作网络亦至关重要，携手共创一个支持性强、资源丰富的语文学习生态系统，以促进学生语文素养的全面发展。

四、语文教学有效性提出的依据

（一）语文教学有效性提出的理论依据

1. 语文教学有效性提出的心理学依据

心理学，作为探究人类心理现象的学科，致力于阐释这些现象的起源、演进路径及其内在规律。其基础分支——普通心理学，广泛涵盖了心理历程与个性心理特质两大维度。心理历程，构成了个体心理活动的基本框架，具体细化为认知、情绪与意志三大环节，通常概括为知、情、意体系。在这一体系中，认知过程是最为基础且核心的心理活动形式之一。在语文课堂的教育实践中，应精准把握该年龄段学生认知进程的脉搏，着重培育其形象思维能力。聚焦于“认知”这一维度，人类对外部世界的探索始于感知，这要求个体首先运用感官工具去接触并感知事物，进而形成初步的感觉与知觉。随后，通过整合已知信

息，进行抽象思考与归纳总结，使认识从直观的感性层面跃升至深邃的理性层面，进而洞悉事物的本质规律。语文教学应深入剖析这一完整的认知链条，精心设计教学活动，旨在引领学生高效、有序地完成认知构建过程。在认知进程中，个体对特定对象自然流露出的心理倾向，即为情感，心理学界通常将其缩略为“情”。此概念同样适用于学生群体，尤其是处于青春期的学子，他们对周遭世界怀有着极其鲜明的情感色彩，如深植于心的爱国情怀与对不良行为的明确排斥。在课堂这一特定环境下，教师应当敏锐洞察学生的心理发展轨迹，对学生的情感实施精准的引导与培育，力求以情感的力量为知识学习提供强大的驱动力，实现“以情润知”的教学目标。最后，在求知之旅中，个体需确立清晰的目标并规划相应的行动蓝图。在执行此蓝图、达成既定目标的征途上，所展现出的坚忍不拔、勇于攻坚等心理状态，心理学上赋予其“意志”之名，简称“意”。学生在学习探索的进程中，遭遇困境与挑战在所难免。若未能及时施以有效引导，长此以往，部分学生或许会生发出畏难情绪，尤其是对于抗挫能力尚显薄弱的学生而言，一旦厌学情绪滋生蔓延，其后果之严重，不容小觑。

2. 语文教学有效性提出的管理学依据

在语文教学的课堂场域中，教师与学生的角色分工明晰且独特，教师不仅是知识的传授者，还担负着课堂秩序的组织者与引领者的重任。其管理效能的高低，直接关系教学效率的优劣与学生身心发展的健康状态。管理学领域内的理念与策略，对语文课堂亦具有不可忽视的指导价值。具体而言，管理理念倡导以人的全面发展为核心，坚持以人为本的原则，这一理念投射至教学领域，即转化为“致力于学生综合素养的提升”与“强化学生主体性地位的凸显”。在此背景下，“民主合作”这一教学理念得以在课堂上蔚然成风，成为推动教学改革、促进学生与教师共同进步的重要驱动力。在管理方法论的范畴内，管理学聚焦于人力资源现状的深度剖析与精准诊断。基于此，语文教师在授课筹备阶段，可着手搜集班级内富含价值的各类数据，随后进行系统的整理与缜密的分析，旨在全面洞悉班级成员的综合状况，明确个体及集体在语文学习上的优势区间与待提升领域，从而量体裁衣地规划出高效而有针对性的课堂管理蓝图。当教学活动落下帷幕时，借助管理学中的绩效评估体系，语文教师能有效地捕捉学生在课堂上的即时状态，精准地把握其学习成效，为后续的自我反思与教学策略的优化调整提供坚实依据。此外，不容忽视的是，管理方法中的组织文化建设理念与语文课堂文化的营造存在着紧密的对应关系。一个井然有序的课堂环境，加之温馨和谐的学习氛围，无疑为提升语文课堂教学的有效性铺设了坚实的基石，其正向推动作用不容忽视。

3. 语文教学有效性提出的阅读学与写作学依据

长期以来，语文教学领域呈现出日益强化阅读与写作技能培养的趋势。近年来，随着国际教育理念的持续涌入，我国语文教学积极吸纳并融合阅读学与写作学的新兴观念。在阅读学领域内，“对话性”日益凸显，它倡导在阅读活动中构建读者与文本之间的深度交流。这意味着，不同的读者，基于其独特的知识储备、个人阅历等差异，将从同一文本中汲取多样化的信息，并产生个性化的感悟。因此，在阅读学研究中，对个体感悟的尊重被视为一项重要进展，同时也成为语文课堂教学实践中不可忽视的一个关键环节，阅读学深入探究读者的阅读兴趣倾向、阅读心态倾向以及阅读行为模式，其研究成果为语文课堂阅读教学提供了丰富的启示与指导。相应地，教师在教学实践中亦应细致观察并研究学生的阅读兴趣、习惯及态度特征，通过敏锐捕捉学生对不同文学体裁文章的反馈与反应，灵活调整教学策略，以实现对课文教学的精准施教与有效引导。

（二）语文教学有效性提出的现实依据

提高语文课堂教学的有效性不是个别人的或是某一段时间内想法和主张，而是社会发展和教育发展的必然要求。

1. 关注语文教学有效性是社会发展的要求

当代教育体系对语文教学有效性的高度重视，实则是对时代脉搏的精准把握，亦是对社会发展需求的积极响应。这一聚焦，不仅映射了时代的呼唤，更是社会进步对教育内涵深化与外延拓展的必然要求。

首先，我们身处的是一个日新月异的时代，崇尚效率与卓越，任何懈怠都可能招致被时代洪流抛下的风险，缺乏适应力即意味着生命力的短暂。教育领域亦需顺应此潮流，追求品质与效率的双重提升。每一历史阶段均有其独特的印记，回顾中国古代社会，儒家思想成为思想文化的主流。相应地，教育领域以儒家经典为教学基石，辅以科举制度作为人才选拔的标尺。彼时语文课堂，多见师长阐释经典、学生吟诵诗文与撰写文章之景，此类模式虽然在今日视角下或被视为限制学生个性发展的沉闷范例，但在当时背景下，它有效地巩固了学生的知识基础，锻炼了其应试技巧，为日后步入仕途奠定了坚实的基础，因此，从特定历史视角审视，此类语文教学模式实有其不可忽视的成效。

其次，语文课堂容量不断增大。科技的迅猛进步促使世界格局日新月异，新知新象如雨后春笋般涌现。语文，作为基础教育之基石，其内容广博无垠，既涵盖浩瀚宇宙之奥秘，又触及细微地理之变迁，更触及社会生活的每一个角落，其与其他学科的交织联系错综复杂，任何学科的发展均离不开语文的滋养与支撑。反之，语文亦非孤立存在，它同样受到其他学科发展的深刻影响，诸如生物学领域的克隆技术、物理学中的夸克理论，均悄然融入我们的日常生活中，激发无限思考，这些思考进而以文字为载体，丰富了语文课堂的教学内容，使其在坚守传统文化精髓的同时，课堂内容的丰富度与深度得以显著提升。面对课堂时间恒定不变的挑战，一个亟待解决的问题便凸显而出：如何在有限的时间内，

促使学生最大限度地吸收并内化这些纷繁复杂的知识。破解此难题的关键，无疑在于提高课堂教学的效率与质量，唯其如此，方能确保学生在每一堂课中都能获得最大的学习收益。

最后，社会进步了，对人才的需求也变了，21 世纪需要的人才是高素质的综合型人才，他们既要有专业技能，又要有专业以外的技能，如英语、计算机等，还要懂得与人合作等。

总之，新时代呼唤的是综合素质卓越的人才，其中，语文作为核心基石，肩负着无可替代的重任。教育体系的阶段性使命，不仅在于向更高级学府输送优秀人才，亦需兼顾那些即将踏入社会、投身于国家建设各条战线的学子们。这些未来社会的建设者，同样面临着适应时代日新月异变迁的挑战，故而，提升语文教学的实效性与针对性，不仅是教育发展的内在要求，还是顺应社会进步潮流、满足国家发展需要的必然选择。

2. 关注语文教学有效性是教育发展的要求

语文教学有效性的提升，实则深植于教育发展的内在逻辑之中。一方面，鉴于当前语文课堂中存在的效能不足乃至失效现象，迫切需要我们对此给予高度关注；另一方面，随着全球教育交流的不断深化，教育领域正步入一个日益国际化的新纪元，教学辅助手段的多元化趋势越发显著，视听媒体等现代教学工具的广泛应用，正悄然重塑着传统语文课堂的生态与面貌。

首先，语文教学之开放性，已远超昔日之范畴，不仅国家间的教育互动越发紧密，国内的教学环境亦呈现出前所未有的活跃态势。各级各类的教研赛事，从市级至省级乃至国家级，如雨后春笋般涌现，涵盖了教研课、示范课等多种形式，这些优质的教学实例被精心录制并广泛传播于网络平台，以影音资料或视频形式供众人研习借鉴。同时，省际、校际教学观摩活动频繁开展，成为促进教育资源共享与交流的重要桥梁。此外，教育部门还定期举办年会，为语文教学工作者搭建了更为便捷的交流平台，以共同推动语文课堂教学的持续优化与完善。

其次，科技的革新浪潮深刻重塑了语文课堂的面貌，多媒体这一现代教学工具已在语文教育领域内占据举足轻重的地位。尽管对于其应用的利弊争议尚存，但多媒体在课堂教学中所激起的变革涟漪，却是无法忽视的事实。往昔，黑板与粉笔构成了我们对教学场景的经典记忆，而今，鼠标轻点与大屏显示的景象正悄然替代这一传统印象，引领着教学方式的全新转型。在语文课堂上，当涉及繁花似锦的描绘时，师生已不再局限于单纯的想象之境，转而能在多媒体显示屏上直观领略繁花的绚烂多彩。同样，在演讲环节，学生无须仅凭文字去揣摩演讲者的情感波澜，而是能直接通过音响设备，沉浸于名家演讲那激昂慷慨、直击心灵的声音之中。由此可见，恰当地运用多媒体等新型教学工具，实为提升语文教学实效性的有效途径之一。

最后，当前我国语文课程的深化改革，旨在精准把脉语文教育之精髓，全面促进学生语文素养的飞跃性提升，并极力推崇自主性、合作性与探究性的学习范式。在这一进程中，学生被明确置于学习与发展的核心地位，要求语文课程务必紧密贴合学生身心成长的轨迹及语文学习的独特性，细致关照每位学生的个体差异与多样化的学习诉求，精心呵护其天生的好奇心与旺盛的求知欲，进而充分点燃学生的主动探索精神与不懈进取热情，积极构建以自主、合作、探究为核心的学习生态。为此，教学内容的精心遴选、教学方法的灵活选取以及评价体系的科学构建，均须紧密围绕这一学习模式的塑造与强化展开。综上所述，提升语文教学的有效性，正是当前国内语文课程改革浪潮中不可或缺且势在必行的关键环节。

五、语文教学有效性目标的制定

（一）语文教学有效性目标制定应该遵循的原则

在制定语文教学有效性的目标时，首先是确保其与总体课程目标的高度契合性。当前新课程改革的核心理念聚焦于学生个体的发展，力求在语文教育领域实现学生语文素养的全方位提升，尤其强调语文实践活动的深化，以及对学生创新思维与实践能力的培养。这一目标体系需从“知识技能的掌握”“学习过程与方法的优化”“情感态度与价值观的塑造”三大维度综合考量，这三者相辅相成，深度融合，旨在不仅增强学生的语文应用本领，更深刻挖掘并展现语文教学在促进学生人文素养形成中的独特价值。因此，教师在规划教学目标时，既要明确设定与教学内容紧密衔接的直接性知识目标，也不可忽视蕴含在教学流程中的过程性、方法性乃至情感态度层面的间接性目标，以此全面促进学生的综合发展与素养提升。

其次，在设定语文教学有效性目标时，应严格依据教材构建的体系框架，以确保教学活动的系统性与连贯性。每一学科均蕴含着其独特的内在逻辑与规律，语文学科亦不例外。语文教材的编纂严格遵循由浅入深、循序渐进的原则，精心挑选并编排各篇独立成章的课文，通过巧妙的组合，以实现其整体的教学功能与价值。该教材体系核心要素包括精选范文、系统的语文知识、配套的作业练习及详尽的提示指导等，其中，范文（即课文）占据核心地位，其余要素则紧密围绕其结构布局，相辅相成。范文不仅是教学内容的载体，而且是实现语文教学目标的关键示例。在教学目标的明确导向下，这些要素相互联结，构成一个涵盖听、说、读、写综合能力的训练体系。同时，针对不同学段、单元及课文的具体特点，教学重心需明确划分，以确保语文能力的培养呈现出一种螺旋式递进的发展趋势。

再次，在制定语文教学有效性目标时，需紧密贴合学生的实际学习状况，确保目标的适宜性与针对性。有效教学理论的核心在于从“学习主体”的视角出发，深入剖析学习过程，秉持人本教育理念，促进个体全面发展，并融入终身学习的时代精神。这一理论强调，教学目标的终极达成，其衡量标准应直接反映于学生的成长与进步之中。值得注意的是，教学目标的规划与实践，绝非教师单方面之责，而需学生作为学习主体积极参与，双方共同努力。当学生能够深刻领会教师设定的教学目标，并主动就目标的科学性与可行性展开积极探讨时，不仅能够有效地促进师生间的深度对话与理解，还能显著提升教学配合的默契度，为教学目标的高效实现奠定坚实基础。

最后，在制定语文教学有效性目标时，需预先留设动态生成的空间，以契合新课程改革所倡导的开放、灵动之语文课堂构建理念。此处的“开放”与“活力”，实则强调了对课堂复杂多变情境的尊重，以及对学生个性化解读的珍视。教学过程中，应避免对预设教案的过分依赖，转而以灵活应变的态度，机智地处理课堂内的“偶发事件”，并敏锐地发掘其中蕴含的宝贵教学价值，从而动态生成新的教学目标，以促进学生语文素养的全面发展。教学活动的规划诚然必要，但学生的需求既包含可预见的部分，也潜藏着难以精确预判的层面。这就要求教育者具备高度的课堂敏锐度，能够灵活捕捉教学场景的动态变化，适时调整以适应学生的学习诉求。在设置教学目标时，应秉持前瞻性与灵活性并重的原则，充分预见课堂可能遭遇的各种情境，构建出富有弹性的教学框架。此外，推行互动性教学模式，鼓励学生主动思考，预留广阔的思维驰骋空间，乃是激发学习活力、促进知识内化的关键。概而言之，课堂教学宛如一场即兴的舞蹈，其步伐与节奏皆由师生共同演绎。故此，我们应当密切关注课堂的每一处细微变化，敏锐捕捉并有效利用生成性资源，从而不断提高课堂的隐性教育价值。

（二）语文教学有效性目标应包含的内容

在强化语文课程综合性与实践性的过程中，课程目标的构建需深度融合“知识与技能”“过程与方法”“情感态度与价值观”这三维要素，使之相互交织，共同促进学生语文素养的全面提升。在语文教学实践中，清晰界定并落实三维目标的具体内容至关重要。具体而言，知识层面聚焦于人们在改造世界过程中累积的认知与经验的总和，涵盖事实、原理、概念等范畴，在语文教学中，则具体化为文字、语言、逻辑、读写知识及其应用能力；技能维度则强调通过反复练习所掌握的完成任务所必需的技巧，如书写、读写效率提高及发声艺术等，均属技能目标的关键组成部分。此外，过程与方法层面侧重于描述学生为达成教学目标而经历的认知历程，涵盖探索、质疑、分析综合等思维活动，这些活动共同构成了学生深化理解、发展能力的重要路径。

详细而言，语文课程中知识与技能的培养涵盖字词句篇的全面教学，要求学生掌握多样化的阅读技巧，如朗读、默读及复述等，确保能够准确、流畅且富有情感地诵读课文。学生需具备捕捉并深入理解关键词句的能力，从而清晰把握文章结构，洞悉文章主旨，深刻领悟文本深层含义，并感同身受地体会作者的情感世界。此外，学习如何运用作品中所展现的描绘手法与思想表达策略，亦是关键目标之一。随着教育阶段的递进，上述目标的难度与深度亦相应提升，以促进学生语文素养的逐步深化与拓展。在过程与方法层面上，我们的目标是强化学生的自我学习潜能，促使他们在阅读活动中培养独立思辨的能力，掌握高效学习策略。这一过程旨在全方位提高学生的听力理解、口头表达、阅读鉴赏及书面创作能力。至于情感态度与价值观的培养，则侧重于引导学生在朗读文本时深入理解其内容，鼓励学生运用个人语言诠释文章蕴含的情感与思想精髓，进而学会欣赏文学之美，使学生在情感层面、价值取向及人生态度上获得深刻的人文熏陶与滋养。

第二节　语文教学有效性的理论基础

一、有效教学理论

有效教学观念的发端可追溯至 20 世纪前半叶的教学科学化潮流，其后于 20 世纪 80 年代被引入我国，对我国教育体系内的课堂教学实践产生了深远影响。实则，效率议题在日常生活领域中屡见不鲜，其源头可追溯至物理学领域，伴随首次工业革命浪潮中蒸汽机的广泛应用而浮现。19 世纪，物理学界正式为效率赋予了科学的定义，此后，效率概念逐渐跨越学科界限，渗透至管理领域。19 世纪末至 20 世纪初，科学管理理论的奠基人泰勒积极倡导通过标准化的工作流程来实现工作效率的最大化，这一理念被成功引入劳动生产领域，极大地促进了生产效能的提升，为企业带来了显著的收入增长。古时，我国已孕育了有效教学之雏形。先贤孔子便深谙个性化教学之道，倡导因材施教，并推行启发式教学策略，期望学子能触类旁通，而非囿于一隅。随后，《学记》对启发式教学进行了深化与拓展，倡导“引导而不强制，勉励而不压抑，启发而不代劳”，此中强调教师需精通多样化的教学技艺与策略，致力于提高教学活动的效率与质量。时至今日，关于有效教学本质之探讨依旧众说纷纭，学者间因视角各异，致理解纷呈，尚未形成统一而明确的界定。有效教学之界定，可归纳为四大维度：其一，它乃是将教育理想、理论探索与实际操作紧密结合的典范；其二，基于投入与产出的经济视角，审视并界定有效教学之内涵；其三，自系统论的新颖视域出发，深入剖析有效教学的内在机制；其四，根植于丰富的教学实践，提炼其本质特征。各视角虽起点各异，却为教育工作者提供了多元化的认知路径，有助于他们构建更为全面且客观的有效教学认知框架。

课堂教学之初的导入环节，乃奠定有效教学基石之关键阵地，其成效直接关乎整堂课程的质量与效率水准。在构思与执行导入策略时，教师应当积极融入有效教学的核心理念，以期增强导入环节的成效，进而为学生的全面成长与发展铺设坚实之路。为实现有效教学的目标，必须紧密围绕三大核心要素展开，即首要在于激发学生内在学习动机，次之确保学生能够清晰理解学习目标及活动框架，最终采用辅助理解的教学策略，以促进知识的内化与迁移。具体而言，在课堂引导环节，教师应敏锐捕捉学生的兴趣所在，在日常生活中展现尊重与关怀，以构建和谐共进的师生关系。在构思课堂引导方案时，确保所选素材阐述明晰，所设问题紧贴学生认知的最近发展区域，并针对学生的反馈与积极参与给予即时、正面的鼓励，以此增强学生的正面学习动力。在选择引导策略时，应细致考量各年龄段学生的身心发展特性，强化对学生的导向作用，合理遴选契合学生特点的引导方式。学术界普遍认同，有效教学的根本旨归在于推动学生的全面发展，通过逐步细化并达成教学目标来实现这一愿景。学生展现出对教学活动的主动投入与深切关注，视为教学活动已达成其有效性之标志。

二、有效学习理论

学习活动作为一种特定行为模式，其形态受多样化教学策略、方法及技巧的深刻影响，这种动态变化亦会引发师生双方的不同响应。教学活动旨在充实学生既有的信息架构，并促使行为模式的转变。然而，关于教师传授知识的内容与方式能否为学生所内化与接纳，尚存不确定性。若学生面临理解障碍，则亟须在教学策略与方法层面作出调整，以减轻学习负荷，激发学生的主动性与兴趣，进而促进学生深度领悟与掌握所学内容。在课堂教学实践中，偶发的意外状况往往会占用宝贵的授课时间，并对教学秩序构成干扰，尤其是在小学阶段，学生天性活泼，注意力易分散，部分学生可能故意制造噪声或挑起事端。若教师对此类行为采取忽视态度，将直接导致课堂纪律涣散，进而削弱其他学生的注意力集中度。反之，若教师介入管理，虽能维护秩序，却也无可避免地牺牲了部分直接用于教学的时间。此现象之根源非仅在于学生本身，而直指教师于课堂教学效率之不足，该短板与课堂效能的三项核心原则紧密相连，依次为：其一，“GBC 策略”（Good Behavior Catching），即于教学进程中，教师应巧妙运用多元手段，持续激发并维系学生积极正向的学习态势，确保学生全神贯注；其二，“IPC 模式”（Intervening Positively in Cognition），此要求教师实施积极的理解与介入，全面掌握学生的学习轨迹、成效、策略、态度及心理状态，并明晰自身在教学过程中所获之裨益；其三，“SMM 框架”（Strategy，Supervision，and Sustainability Maintenance），该框架强调教师需采取科学合理的管理手段与教学策略，以维护课堂秩序，激发学生学习兴趣，进而确保学生注意力高度集中，最终实现课堂教学效果的显著提升。

三、人本主义学习理论

人本主义学习理论兴起于20世纪50年代，以马斯洛与罗杰斯等人为杰出代表，秉持全人教育理念，深入剖析了学习者全面成长的轨迹，旨在促进个体的自我实现，塑造健全人格。此理论框架内，人本主义学习观凸显了学习者的自主能动性，将学习者置于学习过程的中心舞台，倡导其积极投身学习，主动思索，自主建构知识体系。尤为重要的是，人本主义不仅巩固了学习者的主体地位，还让师生间形成了一种良性互动、共同进步的关系。从人性本质出发，人本主义对有意义学习进行了独到诠释：它根植于个体亲身参与的实践之中，强调了学习过程中个人情感的投入与经验的累积。在学习过程中，认知与情感二者相辅相成，共同作用于学生的整体发展，学生乃是蕴含丰富情感态度与价值观念的完整个体。进一步而言，学习本质上具有自发性，其驱动力根植于学生内在的需求与动机之中，即便外界施加推动与刺激，学生的发现、掌握与领悟仍旧源自内心深处的渴望。若学习主体缺乏内在的学习驱动力，即便外界诱因再为诱人，亦难以激发其主动学习之行为。此外，学习还展现出强烈的渗透性特质。学习之于个体，其影响深远且全面，涉及行为模式、态度倾向乃至个性特征的塑造。随着新知的持续吸纳，学生的兴趣爱好得以拓宽，意志品质亦得以磨砺与提升。此外，学习本身亦是一种自我评价的过程，它体现了学生对自我成长与未来规划的责任感。从深层次审视，学生的自我评价实则是对其学习成效与成长路径的内在审视，这种评价不依赖于外界的眼光，而是基于对自身收获的深刻认识。正是这份自我认知，驱动着学生不断调整学习策略，优化学习行为，以实现更为卓越的自我发展。

四、建构主义理论

建构主义学说，作为一种集认知理论与学习哲学于一体的体系，植根于认知心理学的广袤领域，其先驱人物诸如皮亚杰与维果茨基等，为该理论奠定了坚实的基石。建构主义核心理念聚焦于学生的主体性，倡导学生积极投身于知识的探索、发现与自我构建之中。其根本的教与学的哲学，深刻体现在四个维度：对知识本质的独到见解、对学习过程的深刻理解、对学生角色的重新定位，以及对教学策略的前瞻性审视。这四个方面相辅相成，共同勾勒出建构主义理论的教育蓝图。

建构主义知识论视知识为对客观世界的一种诠释与预设性理解，而非终结性的答案。它强调知识的相对性，即知识根植于特定认知主体的框架内，因而每位学习者均能以独特视角赋予知识个性化的解读，这一过程充满了鲜明的个人印记。面对实际问题情境，知识需经历重构与创新，以适应不断变化的需求。在教学实践中，此观念要求教师针对多样化

的学习场景，采取生成性、适应性强的评价策略，以灵活应对。尤为重要的是，建构主义知识论强调理解的主观性，它深受学生个体经验背景与特定情境的影响。因此，教师不应将标准答案作为评价的唯一尺度，避免采用僵化、一刀切的评判方式。相反，教师应精心雕琢评价语言，力求其既富有艺术性又充满灵活性，深入洞察学生特性，旨在激发学生的成长潜力，促进其个性化发展。

建构主义的学习视角主张，学习是一个由学生自主驱动的知识构建过程，学生凭借既有的知识储备与经验基础，主动构筑对新知的理解体系。相较之下，传统教学范式往往将学习简化为单向传授的模式，学生仅被视为知识的被动接受者，其主体性的价值被边缘化。

就课堂教学评价而言，为契合建构主义学习观，教师应当高度重视并尊重学生的主体地位，倾向于运用激励性的评价方式，旨在激发学生的主动学习意愿，促使他们更加积极地融入课堂学习的各个环节之中。通过这样的方式，不仅能够有效地提升学生的学习动力，还能够进一步点燃他们对知识的探索热情。

五、多元智力论

“多元智力论”这一革命性概念，源自美国杰出心理学家及教育学者加德纳博士于1983年力作《智力的框架》之中的深刻阐述，其后在持续的研究探索中得以不断充实与深化。此理论中，“智力”一词被赋予了全新的内涵，它指的是个体面对问题挑战或创意产品创造时所展现出的综合能力。智力的多元性尤为显著，涵盖语言运用、数理逻辑思维、自我认知等多个维度，各要素之间相互独立而又紧密交织。加德纳强调，智力并非孤立存在的单一能力体，而是由多种能力相互支撑、共同构成的复杂系统。这一系统内的每一种智力都具备其独特的独立性，预示着每个人在各自智能领域内均蕴藏着巨大的发展潜力。因此，每个人都拥有着独一无二的智能组合与优势领域，这要求我们摒弃单一维度的评价标准，转而采用更加多元化、动态化的视角去审视与评估个体的智力发展，以充分激发并促进其潜能的最大化实现。

六、巴班斯基的最优化理论

在巴班斯基的学术视野中，教学过程的至优状态即为效率与成效的双重彰显，它旨在教师与学生双方于时间与精力资源有限之约束下，达成课堂教学与知识吸收的最优化效果。依据巴班斯基的深刻洞见，推动教学流程臻于最优化境界，需满足以下五大核心要件之综合考量：（1）教师需全面审视并明确教学目的与目标的整体性框架，进而设计合理的教学架构，将既定目标与课堂实践深度融合，确保核心教学使命得以高效达成。（2）对整体教学内容进行细致梳理，识别并聚焦关键难点与重点，同时应紧密结合当代生活实例与前沿教学素材，更新旧有案例，确保教学内容既具时代感又贴近学生生活，促进不同学科间知识的有机融合与互补。(3) 教学过程中，教师应严格遵循教学原理与学生学习认知的自然规律，把握教学的根本原则与宏观导向，确保教育方向的正确性，并持续弘扬积极正向的价值观念。(4) 教学组织形式的选定应秉持适宜性原则，确保教学活动的高效与有序。(5) 针对学生多样化的年龄、心理、认知特性及学习能力，灵活选取适配的教学方法，以最优策略促进学生学习成效的显著提升。

第三节　语文阅读教学有效性

一、阅读和阅读教学

中国古语有云："读万卷书，行万里路。"阅读几乎与读书、学习同义，人们通过阅读来获取信息和知识，改变认知和思想，从而可能改变命运。阅读关乎个人的发展，维系着国家的未来、民族的希望。

（一）阅读

简言之，阅读本质上是经由视觉媒介萃取信息的历程。详言之，此过程涉及语言文字的运用，旨在汲取信息、积累知识、激发思维灵感、培养审美情趣及洞察外界万象。阅读被视为一种能动行为，体现为读者积极、自主地与文本展开的交互对话，它不仅包含感知、理解的初阶步骤，而且涵盖深刻领悟、内化吸收、审美鉴赏、批判评价乃至深入探究的高级思维活动。

阅读活动的精髓在于理解力的培养。掌握理解之道，实则是掌握阅读之钥，在阅读实践中习得学习之法。王荣生所阐述的阅读理念，是对"阅读行为本质"的深入洞察，简称"阅读认知论"。此理论涵盖了阅读的宏观视角：阅读的缘由与对象选择（为何读、择何读），以及阅读策略与方法（如何读），进而映射出阅读的目标导向、驱动力、个人偏好与价值取向。它不仅对阅读行为产生深远影响，更塑造了我们对"学习阅读技巧"这一过程的整体看法与应对方式①。掌握学习与阅读之法，实则为一项综合能力，其构成要素可从多维度加以剖析。

第一，就纵向进阶维度而言，阅读能力可细化为感知、理解、鉴赏、迁移及创造五大层级。其中，阅读感知与理解能力构筑了能力基石，它们是任何深入阅读之前不可或缺的

① 王荣生．阅读教学设计的要诀：王荣生给语文教师的建议［M］．北京：中国轻工业出版社，2014.

基础技能；而阅读鉴赏与评价能力则标志着理解的深化与升华；至于阅读迁移与创造能力，则是阅读活动的终极指向，旨在实现知识与技能的灵活运用与创新发展。这五个层级的渐进式发展，不仅映射了阅读操作技能由浅显至精深的演变轨迹，而且深刻揭示了思维能力由初级迈向高级的内在逻辑。

第二，从横向维度审视，阅读能力涵盖阅读选择、思维活跃度、想象力激发、记忆效能及时间管理效率等多个方面。其中，思维活跃度特指读者在阅读活动中，能够精准驾驭多样化的思维模式，展现出灵活应变、全面剖析与深刻洞察的思维能力。这一能力不仅贯穿阅读流程的始终，还深刻渗透于感知、理解、鉴赏、迁移及创造等各个阅读阶段，成为推动阅读深度与广度拓展的核心动力。

（二）阅读教学

在语文学科的教育体系中，阅读教学占据着举足轻重的地位。它作为一种核心教学活动，旨在通过教师的引导，促进学生自主阅读能力的提升，并构成一个由学生、教师、教材编纂者及文本共同参与的互动对话框架。此过程深蕴多层次的交流：学生与文本的深度对话、文本创作者意图的探寻、师生间知识的传授与反馈，以及学生之间的思想碰撞与共鸣，更不乏个体与环境之间微妙而深刻的相互影响。综上所述，阅读教学的精髓，可凝练为一场场富有意义的“对话”实践。

在阅读教学的课堂情境中，学生应扮演阅读行为的主导角色，展现出自发性与独立探索的能力；教师则承担引导者与启发者的职责，激发学生与文本间的深度对话，避免以自身解读替代学生的亲历阅读过程。在高中阶段的语文阅读教学里，教师聚焦于学生的语言表达力与思维锻造，旨在增强学生的思维能力，深化其思想文化素养，全面促进学生个人成长。这一过程正是语文课程内在工具性与人文性双重属性和谐共融的生动体现。

二、语文阅读教学有效性内涵

阅读教学在语文学科构建中占据关键地位，而语文的固有属性，即工具性与人文性的紧密结合，势必要求阅读教学有效性的彰显需体现在以下几方面：通过文本的深入探究，促使学生领悟并体验其内在价值；依托文字的细致研读，丰富语文知识储备，锤炼语文运用技能，并在此过程中不断升华个人的人文素养。

阅读，作为贯穿人生始终的习性，其在语文教育体系内的实施，正值素质教育与新课程改革交相辉映的时代背景下。新课程标准所强调的，乃是阅读教学作为一种多维度对话的媒介，它不仅连接着学生、教师、教科书与编纂者，更促成了思想火花的激烈碰撞与心灵深处的深刻交流，构建了一个生生不息的动态场域。而语文阅读教学的有效性，正应当在这一鲜活而充满张力的动态过程中得以充分展现。

据此，深度剖析语文阅读教学的固有属性，我们可这样阐释其有效性：在素质教育的核心理念与新课程改革的宏阔背景下，语文阅读教学有效性的实现，需师生双方共同遵循教学活动的内在规律，精准把握阅读教学独特之处，采用科学合理的教学策略，力求以最高效的方式、最优化的进程、最显著的效益，推动学生在知识积累与技能掌握、学习历程与方法运用、情感倾向与价值观念的“三维架构”内实现全面、协调且可持续的成长与发展。这一过程不仅旨在高效达成既定的语文阅读教学目标，更深层次地在于促进学生语文素养的稳步提升，以充分满足社会进步与个人发展的多元教育价值需求。

我们可以从以下几个角度来理解语文阅读教学有效性内涵。

（一）阅读教学的目标与效益

此处所言的效益，非单纯经济学领域内量化指标的机械套用，而是超越了知识累积的范畴，涵盖了阅读过程中方法与技能的实践运用，以及情感、态度与价值观的深层次培育。我们所向往的有效教学，绝非仅聚焦于学生知识获取速度的提升，而是坚决摒弃那种忽视学生心灵成长与精神丰盈的所谓“高效”，致力于实现学生在多维度上的全面且健康的发展。语文阅读教学的有效性，其核心在于价值的双重维度，即刻效益与长远意义并存。这不仅仅是一个值不值得投入的问题，更在于它如何满足学习者的多维需求。具体而言，它满足了学生及时掌握语文知识、提升能力的迫切需求，体现在促进学生语文阅读知识体系的建构、阅读技巧的精进、阅读热情的点燃以及阅读品位的升华上，为阅读能力的持续提升奠定坚实基础。长远而言，它更是促进学生情感世界的丰富、态度的正向转变与价值观的形成，引领其精神世界的深刻成长，为学生的全面发展铺设了一条坚实的精神基石之路。

（二）阅读教学的结果效益

语文阅读教学的成效评判，关键在于其与既定教学目标的契合度及其实现程度，以及学生在此过程中取得的全方位进步。文学作品作为阅读的重要载体，使学生能够穿梭于纷繁的情感景观中，领悟多样化的价值观念，进而塑造出独具个性的世界观与价值观体系。此类情感与价值观的深刻培育，不仅是学生全面发展的关键环节，还是其人格塑造与精神成长的宝贵财富。

（三）阅读教学的时间效益

追求阅读教学效果的最大化，旨在以最小化的时间成本换取最丰硕的收获。此处的效率，并非片面追求速度与数量的累积，而是强调师生双方对时间与资源的智慧配置，以达成最优化的教学效果。教学过程优化的核心，便是在限定的时间框架内（力求时间成本的最低化），凭借最小的精力消耗，实现教学成效的最大化。这意味着要坚决剔除低效乃至无效的阅读教学行为，全力聚焦于提升阅读教学的质量内涵，确保每一分投入都能转化为显著的教学增益。

三、语文阅读教学有效性特征

语文阅读教学不同于一般的教学，所以阅读教学有效性有着自己内在固有的特征，从阅读本身的特性来看，阅读教学有效性体现出三个方面的特征：对话性、体验性、建构性。

（一）对话性：寻求理解的视野融合

随着阐释学理论的演进，解读研究的焦点实现了深刻变迁，由传统的“作家—作品”轴心转向“文本—读者”的新范式，将读者的阐释视为作品本质属性的体现，并将读者的解读行为提升至文本构成中不可或缺的本体维度，从而确立了读者在解读流程中的核心地位。这一转向聚焦于读者与文本间的双向互动机制，将解读过程视为读者与文本间展开的“主体间性”对话与交流，旨在通过这一对话过程，实现理解与自我理解的视界融合，共同构建意义的深度探索。从阐释学视角审视，阅读活动中读者与文本的关系已超越传统的主客体映射框架，转化为一种本体层面的对话与互动。读者携其独特的期待视野，持续向文本发起询问，而文本则以其内在世界的广袤与深邃，回应并激发读者的疑问与探索，逐步展现、拓展、修正乃至引领、超越读者的认知边界。反之，文本作为待解之谜，亦向读者抛出诸多挑战性问题，每一次阅读之旅，皆是读者深入文本内核、探寻其意义脉络的过程，伴随着读者个性化的诠释与回应，共同编织着理解的多元图景。在此背景下，解释学的理解被重构为读者与文本作为“你—我”主体间的深度对话，这一过程促进了读者视界与文本世界在交流、沟通中的视域交融。依据解释学精髓，对话不仅是阅读的内在构成法则，而且是其本质的体现，因此，语文阅读教学的有效性首要标志便是对话性的彰显。这意味着教学应致力于构建“主体间性”的对话空间，通过这一平台实现理解过程中不同视野的和谐共融。

1. “主体间性”的对话

在解读的旅程中，读者借由文本这一桥梁，与隐匿于字里行间的作者不期而遇，由此搭建起解读主体与创作主体之间精神世界的桥梁，促使两者思想交织、灵魂共鸣。因此，文学解读本质上是一场主体间性的深刻对话，它追求的是心灵的深度沟通与交融，是读者与文本（隐含作者）之间双向开放、相互激发的动态交互过程。

依据哲学阐释学的视野，理解被视作语言交流的核心过程，语言的本质特性即蕴含对话属性。解读任一对象，本质上都是步入一场对话的旅程，其间主体间相互交换见解、分享认知，既理解又接纳，从而拓宽并深化了彼此的认知边界。此处的理解对象，广泛涵盖文本、文献、艺术佳作、历史传承、他者乃至所有与我们建立联系的存在，它们均根植于语言的土壤，以语言为媒介展现其存在价值。这些存在皆以“你”之姿，自发地向我们倾诉，因而，理解的本质在于构建一种基于相互交流与作用的“我—你”对话架构。对话的真谛即在于理解，而深刻的理解又离不开对话的滋养，对话构成了理解不可或缺的基石。阅读，作为对话中的一种深度理解活动，不仅是对外界—他人与世界的洞察，还是读者内心深处的一场自我发现与认知之旅。

诠释一个文本，就是在特定对话中实现自我认知的过程，解释学实践的真实根基，既涵盖待诠释的客体，也深嵌于诠释主体的自我觉醒之中。这一过程超越了主体对客体的单纯认知框架，而且促进了解释者与解释对象间视野的交汇融合。视野，或称视界、视域，原指天际线之所在，而视野的融合，则象征着随着探索脚步的推进，认知边界的持续拓展与深化。

理解，作为一种视域交织的现象，其精髓在于理解主体与对象间展开的深度对话。这场对话，犹如“你”与“我”两个灵魂间的相遇、交汇与共鸣。其核心不在于观点的对抗或强加，而是一种知识的共鸣、经验的交融、智慧的启迪以及生命意义与价值的共享。这种共享构成了对话的本质，促进了双方认知与情感的深刻提升。

2. 阅读是在对话中寻求理解的视野融合

以解释学的观点来观照语文阅读教学，我们可以发现，阅读教学实际上是学生、教师、教科书编者、文本在交流与沟通中生成文本意义与教学意义的过程。

阅读过程中的对话不仅是师生与文本间同频共振的深度融合，也是师生之间智慧火花的相互启迪与融合。理解，作为对话的催化剂，奠定了受教育者构建个人知识体系与生活智慧的基石。唯有在理解的基石上，个体方能跨越心墙，迈向他人，促进意义的生生不息，为构建真正意义上的对话提供坚实平台。在阅读教学的殿堂中，师生均为对话的平等参与者，既无尊卑之分，亦无主从之别；权威与顺从皆非对话的本质，而是双方在积极互动中共谋发展，携手探寻可共享的意义，最终实现双方的共同升华。

阅读本质上构成了一种深层次的对话交流，这一对话在阅读的哲学与价值维度上占据着举足轻重的地位。在阅读教学的语境下，读者凭借个人独特的体验、性格特质、情感倾向及精神境界，对同一文本进行多元化的阐释，从而赋予文本以个性化、生命化的意义内涵。在这一对话的过程中，教师、学生、教材编纂者及文本本身均实现了相互间的深刻理解，并完成了自我认知的深化。此种理解并非单向的服从或趋同，亦非盲目追寻教参的标准化答案或作者的原初意图，而是对话各方基于各自的“先见”基础，将外部经验内化于自身理解之中，既寻求共识又保留差异，最终达到一种多视角融合、视野相互拓展的深刻际遇。在对话的交互作用中，教师与学生、学生之间、学生与文本以及文本编者实现了多维度视野的交流、聚合与融合。在这一过程中，基于相互的理解与尊重，各自原有的认知偏见逐渐消解，进而催生出全新的视界。这一过程不仅丰富了理解的维度，更为真理的探索开辟了更加广阔的可能性空间。

（二）体验性：文本意义在体验中生成

西方体验美学，其核心聚焦于“体验”之维，主张文本乃作家内心体验的载体，而文本的解读则转化为一种对作家体验的再体验过程，即深入体验其思想脉络、情感波澜与人生轨迹的历程。此过程构成了体验之上的体验，一种深层次的再体验，文本的意义恰是在读者的这一层层体验中逐渐显现与构建。基于此理论视角审视语文阅读教学，我们不难发现，体验不仅是阅读教学的内在本质要求，还是成为衡量语文阅读教学有效性的显著标识，其体验性特征尤为凸显。

在体验美学的理论框架内，“体验”一词承载着独特的哲学意涵，它超越了日常生活语境中的泛泛之谈，成为一个精细界定的哲学范畴。此概念既非传统认识论范畴内可轻易归类的“经验”，亦非普通心理学所能全然捕捉的“意识”形态。在体验的语境下，其构成要素并非作为外在于认知主体的客体存在，而是内在地交织于一体，展现出一种无差别的整体性，这是体验美学的精髓所在。于认知主体而言，体验是一种超越了主客体二元对立的状态，它融合了生命之流中的内在感悟与外界经历，共同塑造了一个浑然一体的意义世界。换言之，人的生活是一场连绵不绝的体验之旅，且生活本身便通过这一过程得以展开与深化。此处的“体验”，特指那种深具本体论色彩的“生命体验”，它源自个体生命的核心深处，是对人生关键瞬间的深刻洞察与领悟。

读者将个人体验融入文本之中，赋予其独特的生命色彩，经由鲜活的感知力，将作品的留白具象化，使之焕发新生，化身为一个意义充盈、持续演进的生命成长体。情感的觉醒、心灵的触动、意义的诞生，皆源于体验的深度参与。读者携带着个性化的期待视野，融合其思想、情感、性格与过往经历，步入文本世界，经历一场场生命的触动与震撼，积极响应文本的内在召唤，不断填补那些隐含的空白与未决之处，进而促使文本意义得以彰显，构建出一个更加饱满、多元的意义世界。

阅读，作为学生个性化的活动，应当避免以教师的剖析替代学生的亲身实践。强调学生的阅读实践，实质上是倡导学生主动沉浸于文本的体验与领悟之中，促使学生在积极的思维碰撞与情感交流中，深化对内容的理解与感受，激发内心的共鸣与思考，从而经受情感的洗礼，启迪思想的光芒，并享受审美带来的愉悦。体验，作为人类存在的一种独特形式，它要求个体以完整的自我为媒介，去感受、去感知、去理解周遭的世界，并在此过程中创造并赋予事物以新的意义。在体验之境，人与世界相融无间，彼此交织，我即世界之缩影，世界亦为我之延展。此体验非心理学或认识论所能全然框定，而是读者生命全貌的展现。读者沉浸于作品之中，实则是在编织一个专属的“宇宙”，一种独特的“存在状态”。阅读体验倡导学生的自主沉浸，凸显其主动探索与独立思辨的能力。学生作为文本解读的主动者，亦是生命旅程的驾驭者、情感波澜的承载者及体验过程的引领者。他们携带着个人的生命轨迹与丰富的情感积淀步入文本世界，依据自身的“预设视角”，以独特的方式诠释文本，这一过程正是“期待视野”的生动实践。

所谓期待视野，乃读者在阅读前对作品所持有的主观预设性期许，它根植于个体既有的思维模式与认知框架之中，构成了一种先验的理解结构与预备态势。这一视野的形成，依托于读者的认知架构、累积的阅读经验以及广泛的阅读视角。每位学生均拥有其独特的期待视野，在阅读实践中，他们以此视野为镜，深入文本肌理，主动建构意象，填补文本留白，旨在达成对文本的个性化解读与自我认知的深化。此过程不仅是对文本意义的探索，亦是读者自我理解与成长的旅程。学生在进入文本解读的历程时，皆怀揣着各自独有的期待视域，这一情境下的解读活动，自初始便非被动接受与机械认同的过程，而是转为主动介入与积极重构的创造性活动。它表现为对文本内涵的丰富与再塑，即一种基于个人理解的补充与再创。此理念正是“哈姆雷特现象”的深刻体现，即每个读者心中皆能孕育出一个独一无二的哈姆雷特形象。

（三）建构性：精神人格的塑造与完善

阐释学视角下，解读被视为读者与文本间的一场深度交流活动，此过程不仅在于读者借助对话体验探求对文本的理解与自我认知的深化，更在于同步进行着文本意义的构建与自我身份及认知框架的重塑，从而实现一种双向建构的良性循环。

建构主义强调学生应以个人生活经验为基石，开展构建性学习，并赋予学习过程深刻的个性化内涵。这一理论框架为个体在阅读中实现意义构建的历程奠定了坚实基础。阅读，其深远意义远超越单纯的知识获取，它是一场深度的心灵对话与体验之旅，让读者在文化的滋养下，性情得以陶冶，灵魂得以唤醒，进而构建并丰富个人的情感与精神疆域，实现“自我超越”并迈向“圆满之境”。

阅读，作为一种人文精神塑造的行为，深刻影响着学生心灵的陶冶与个体文化精神的成长轨迹。在此过程中，文化精神不仅是语文教育价值导向、教学活动与实践以及教学创新之智慧源泉，更是语文教育肩负的核心使命——它传承、探索并创造着人类的文化精髓，为人类社会构筑起一座精神庇护所。显而易见，语文教育的本质是文化精神的构建之旅，而阅读教学的具体实践，则是这一文化构建过程在语文课程中的生动展现与深化。

语文文本中蕴含的人文底蕴深厚，对人产生着潜隐而深远的作用。文本结构超越语音、语义、具象再现及图式化视角等四个维度，进一步蕴含着超验的“形而上维度”，作为第五层次存在。此层次虽无明确标识，却以弥漫于字里行间的氛围、情感波动与情绪共鸣为特征。读者沉浸其间，往往会遭遇强烈的心理触动，情感波动起伏，从激昂到低沉，自崇高至优美，激发直觉，促发心灵的顿悟。这一层次构成了文本阐释的终极境界，可类比为内涵的“深层意蕴”。在黑格尔的论述中，“意蕴”超越了直观形象的范畴，展现了

更为深邃的内在活力、情感韵味、精神风貌、气质风骨与灵魂深度，对人施加着潜移默化的滋养与影响。

汉民族的语言，作为精微工艺之载体，深刻镌刻了汉文化的广博深邃与民族精神的独特风貌，这些元素汇聚成文化的智识瑰宝，传递着民族的思辨与情愫，支撑起文化精神的脊梁，并深刻烙印于民族文化的内核之中。汉字，作为中华民族语言的具体展现，与文化之间展现出高度的共生性，文化之精髓与民族之精神皆寓居于语言的殿堂之中。在语文阅读的浩瀚文本里，无论是诗歌的韵律、散文的抒情、小说的叙事，还是剧本的演绎，均为中华民族文化之精粹的集中展现，它们洋溢着浓厚的民族文化气息，彰显了独特的民族文化精神。

语文阅读领域所蕴含的深邃文化韵味、广泛人文精髓、饱满精神活力以及坚实文化品质，对学生情感触动及精神、生命成长的启迪效应，其深远程度难以估量。该领域的教学内容，跨越时空界限，精选古今中外杰作，每部作品均蕴含着生命哲理，折射出人性中真善美的璀璨光芒；它们以鲜活灵动的人物形象、深邃透彻的哲理思辨、高尚丰富的情感表达，以及雅致动人的语言艺术，共同映射出人类智慧的卓越成就与品德的光辉典范。至于文本形态，则无一不是兼具文采与思想深度、情感与艺术性并重的经典之作，堪称典范。在阅读教学实践中，借助这些杰出作品，学生能够沉浸于语言的细腻品味中，领略作品所蕴含的思想深度与艺术韵味，进而促进想象力与审美鉴赏力的双重飞跃，提升个人的审美趣味。他们得以深入探索自然界的奥秘与人生的多彩画卷，激发对生命与自然的深切热爱与珍视。同时，通过心灵与艺术的对话，以及科学智慧的启迪，学生的审美境界得以升华。此过程不仅陶冶了学生的性情，滋养了他们的心灵，还促进了健全人格的构建，深化了对祖国语言文字的热爱之情。在领略中华民族文化的浩瀚与精深之际，学生追求着高尚的道德情操与审美情趣，不断提升自我道德修养。最终，这一过程塑造了他们热爱祖国与中华文明、致力于人类进步事业的崇高品质，培育出健康向上的情感世界与积极进取的人生态度。

四、语文阅读教学有效性的重要性

（一）有助于促进教学水平提升

新课标的颁布为语文教育实践指明了方向，它强调了在整体教学框架内，语文阅读占据举足轻重的地位。语文教育工作者应当深刻意识到，提升阅读教学质效，不仅是优化单一教学环节的需求，而且是推动语文综合教学质量飞跃的关键。此外，鉴于语文各教学模块间固有的紧密关联性，强化阅读教学还能有效激发连锁反应，为诸如写作、口语交际等其他教学领域的进步铺设坚实基石，实现教学效益的整体性提升。

（二）有助于引导学生感悟语文魅力

语文教学之精髓，不仅仅局限于语言技能与运用能力的传授，更侧重于学生文化素养的深耕与培育，旨在激发其自觉承继并弘扬语文文化的使命感。阅读，作为一座内容广博的宝库，其教学过程成为引领学生拓宽知识视野、构建多元认知体系的桥梁。通过深入阅读，学生得以接触并吸纳多样化的信息，不仅充实了自身的知识架构，还在潜移默化中感悟到语文艺术的独特魅力，这一过程对促进学生全面领略语文之美具有不可估量的价值。

（三）有助于培养学生语文素养

新课标的核心聚焦于学生语文素养的培育，这一目标通过丰富多彩的阅读教学得以实现。阅读教学不仅内容广泛，而且能够让学生在潜移默化中接触并吸收多元化的文化知识，从而促进其语文素养在多个维度上的自然成长。鉴于此，强化语文阅读教学环节，不仅对提升学生的语文素养具有关键作用，而且是推动其全面发展不可或缺的路径。

第二章　小学语文课堂教学有效性分析

第一节　课堂教学

一、课堂与课堂教学

（一）课堂

在教育体系的微观层面，课堂构成了学校日常运作中最基础且不可或缺的单元，作为学校教育的基本架构与组织形式。通常而言，“课堂”这一术语，指的是承载教学任务的特定空间——教室，它不仅是课程与教学活动的融合体，还涵盖了课堂执行、课程资源发掘、教学互动、师生关系构建、教学环境营造等多维度教育要素及其错综复杂的内在联系。此场所不仅是学生开展多元化学习活动的核心地带，也是师生间交流思想、增进理解、促进情感联结的关键平台，对教育目标的实现具有举足轻重的意义。

（二）课堂教学

针对课堂教学这一概念，学术界存在多元化的诠释视角。一种观点将其视为教师“教授”与学生“学习”交织共生的过程，强调在教师的引领与激发下，学生主动投身于系统性文化科学知识及基础技能的掌握之中，此过程不仅促进学生智力的拓展、创新潜能的发掘与体能的增强，还深刻影响着学生品德的塑造、审美情趣的培养，以及个性化全面发展的逐步实现。① 有人认为课堂教学从根本上说是一种对话实践的过程②。在课堂教学这一互动平台上，师生间通过深度交流实现知识与智慧的共享与增进，达成共同成长与进步的愿景，生动体现了教学相长的教育哲学。另一视角则将课堂教学界定为一种系统化的组织形式，它依据学生的年龄与学术水平构建稳定的班级群体，教师遵循既定的教学计划时间表，采用连贯性的授课方式，在同一时段内向全体学生传授知识，确保了教学过程的规范性与普及性。③ 鉴于此，课堂教学乃是一系列旨在达成特定教育目的与使命的教学活动

---

① 谈振华．课堂教学理论读本［M］．北京：社会科学文献出版，2000.

② 佐藤学．学习的快乐——走向对话［M］．北京：教育科学出版社，2004.

③ 宋文献．课堂教学技能［M］．郑州：郑州大学出版社，2014.

之总和，它深度融合了教师“传授”与学生“习得”的双向过程，形成了一套系统化的教学组织模式。值得注意的是，课堂教学的场域已超越传统教室的物理界限，伴随着信息技术的蓬勃兴起，当前风靡的在线课堂亦被纳入其范畴之内，成为课堂教学的现代延伸与重要组成部分。

二、课程教学的方法

（一）基本教学方法

在探讨课堂教学策略时，我们不得不提及两种教学模式：一是融合手写板书与口头阐述的传统教学法，它在传授经典理论精髓与引领学生探索知识领域方面，历来扮演着不可或缺的角色；另一则是当前广泛采用的多媒体教学，其核心在于利用电脑展示 PPT，以视觉与听觉的双重刺激促进教学效果。以下分析将围绕这两种教学模式下的课堂教学策略展开。

1. 启发式教学

启发式教学法作为教育界广受欢迎且易于教师驾驭的教学策略，其在课堂教学实践中常被教师自然而然地融入，对教学质量的显著提升具有不可或缺的价值。此法强调教师需对教学内容有深刻的理解与把握，并能灵活地将理论与实际紧密相连，采用简明扼要、易于理解的语言阐述知识，以直观而深邃的方式剖析原理、阐述内涵、揭示本质，确保教学中的重难点与核心要素得以清晰、透彻地传达给学生。启发式教学法，摒弃了照本宣科的僵化、机械呆板的沉闷及缺乏情感的敷衍，它倡导的是情境复原的沉浸、感同身受的吸引、叙述生动的魅力与活灵活现的展现，犹如讲述引人入胜的故事，采用评书般的艺术化传授方式，旨在紧紧攫取听众的心神，激发学习兴趣。其核心在于教师的角色转换，需设身处地为学生着想，探索如何使知识传授更加易于接纳与深刻理解。启发式教学的精髓，在于语言的精雕细琢，力求语言浅显易懂、形象鲜明、生动活泼且意蕴深远，充满感染力，以此引领学生穿梭于认知、分析与解决问题的征途，催生创新的火花。

启发式教育作为一种根植于日常教学实践的基本方法论，其核心旨在促进学生课堂上即时高效地掌握与内化知识，深度剖析并领悟知识的本质，从而点燃创造力的火花，培育出敏锐的创新思维。教师在实施过程中若能有意识地精妙运用此法，对优化教学成效无疑将大有裨益。

2. 案例式教学

教师在课堂教学中巧妙融入贴切案例，能以直观且易于理解的方式清晰阐述课程精髓，促使学生以更直接而深入的路径掌握并领悟所学，进而触发深度思考，启迪创新意识，激活创新思维路径。为此，教师应精心筹备教学案例，这些案例需对教学内容的理解具有显著辅助作用，其搜集、整理乃至再创造过程均需细致入微。案例资源可广泛取材于科研实践、网络搜集、学科动态、科技尖端等多个维度，然而尤为推崇的是教师个人科研成果的直接转化，因其能无缝对接课程内容，实现精准而直白的解读，既增强说服力，又提升教学成效。

当教师能够将其在科学研究、工程实践等领域的科研活动与所教授课程实现深度融合，构建起一种相辅相成、相互强化的联动效应时，无疑将极大地提升课堂教学的深度、质量与温度，进而赋予课堂更为显著的吸引力、生命力与独特魅力。

（二）参与式教学方法

当前课堂教学在策略与模式上存在的核心短板，集中体现在教师垄断全程的讲授模式上，这一模式显著地抑制了学生的参与积极性，导致课堂互动环节的匮乏。而参与式教学法则倡导多元化实施路径，诸如设计启发性问题、组织分层式讨论（涵盖小组内部及跨组交流）以及构建师生共议的课堂氛围等。相较于传统课堂单一的问答形式，借助雨课堂等智能教学辅助平台实施参与式教学，不仅实现了物理空间内教学活动的深度参与，也标志着课堂教学向信息化转型的一种基础而有效的实践形式。在参与课堂教学的过程中，学生采纳智能手机、平板电脑及笔记本电脑作为核心辅助工具，此举不仅充分发掘了电子设备的教育辅助功能，还有效遏制了课堂环境中对电子产品的非合理应用趋势。此外，积极倡导学生参与并行式教学活动，即教师在传授知识的同时，即时引导学生实践练习，促进学生之间及师生间围绕特定问题、技术及方法展开高效互动，构建出一种“讲授与操作并行，学习与实践融合”的课堂教学模式，从而为学生牢固掌握知识与技能提供了直接且高效的助力。

（三）互动式教学方法

课堂教学传统上聚焦于基础理论、知识根基及基本技术方法的传授，其显著特点与局限在于互动性与实践性的相对匮乏。互动式教学则作为一种深化参与的教学模式，其核心在于促进师生间及学生内部的互动交流，涵盖了基础与进阶的多种形式，如分组合作学习、研讨式探索以及翻转课堂等教学策略，旨在通过增强互动与实践的深度与广度来弥补传统课堂教学的不足。分组讨论与研讨式教学因其操作的便捷性而易于实施，关键在于课前精心策划分组与研讨议题，课堂之上则鼓励学生分组研讨或上台交流分享，此举实为打破教师单一讲授格局、促进课堂多元互动的关键步骤。相较之下，探究式教学则要求精准设定探究课题，旨在教师引导下，学生自主发掘学习内容中的知识要点，然而其实施难度较高，故常需与其他教学策略相结合，以充分发挥其在教学实践中的效用。

深度互动式高阶教学尤为凸显教师的组织能力与互动深度的强化，翻转课堂正是此理念下的典范实践，它在依托 MOOC 的混合式教育框架内占据了教学革新与课堂转型的核心位置。在混合式教学模式中，学生预先登录 MOOC 平台进行自主学习，预先吸收课程内容，为翻转课堂在实体课堂中的实施奠定了坚实基础。此过程不仅促进了学生自主学习、知识构建及问题解决能力的飞跃，还深刻契合了学习与成长的内在逻辑，为培养学生的探索精神与独立求知能力提供了重要助力。

在翻转课堂的实施过程中，教师可依据具体情境灵活设计多样化的翻转策略，精心编排与引导，以促成师生间及学生内部的多元互动格局。这一教学模式不仅涵盖了学生层面的讲解展示、交流探讨、深入研讨乃至思想交锋，也融入了教师层面的细致分析、精准点评、疑难解答与总结提炼。值得注意的是，翻转课堂的核心虽在于学生的积极参与与深度互动，但其具体形态并无固定模板，而是赋予了任课教师充分的自主权，在教学设计阶段进行个性化规划，并在实践过程中不断反思、调整与优化，以实现教学效果的持续迭代与提升。

大比例学时的翻转课堂模式虽为推崇之向，但其实施面临学生负担加重与翻转难度陡增的双重挑战，因而在专业课程领域内的普及与深化尚显不足。此外，翻转课堂亦蕴含教学留白之精髓，体现为教师在课堂讲授时间的显著缩减，转而聚焦于提供核心分析与启发提示，而将更为广阔的探索空间与自我反思的机会赋予学生，以此促进学生自主学习与深度探索的能力发展。

第二节　小学语文课堂教学

一、小学语文课堂教学

（一）小学语文课堂教学的概念

小学阶段的语文课堂教学，其核心聚焦于语文学科知识的传授，针对该年龄段学生，在课堂这一特定教育场域内展开一系列教学活动。其宗旨在于依托高效的教学策略与方法，全面锤炼学生的听、说、读、写四大基本技能，激发并培养其语言思维潜能，进而实现学生语文综合素养的显著提升。此过程中，教师扮演关键角色，通过精心构思的教学设计方案与灵活高效的教学组织安排，有效激发学生参与课堂互动的热情与积极性，构建起以小学语文教材为依托，以师生互动为纽带，旨在促进知识传授与能力提升的综合性教学过程。

（二）小学语文课堂教学的特点

1. 情境性

小学语文学科富含深厚的人文色彩，且与日常生活紧密相连，这一特性赋予了其课堂

教学鲜明的情境化特征。首要之处在于，小学语文课程内容广泛取材于现实生活，鼓励学生展开丰富的想象，将课堂所学知识与实际生活经验相融合，形成知识与实践的桥梁。再者，教师可采用故事讲述或直接构建现实场景的教学策略，将学生引领至生动的生活情境中，借助角色扮演、细致观察与深度体验等方式，使学生沉浸于教学情境中。这一过程不仅促使学生在情感层面产生共鸣，还通过亲身实践与感悟，实现对知识的有效获取与学习内容的深刻理解，进而实现知识内化与素养提升的双重目标。

2. 展示性

小学语文作为一门学科亦是一种语言载体，其核心价值在于促进学生汉语技能的全面发展，涵盖了听力训练、口语表达、阅读理解与书面写作等多个维度。在此过程中，学生借助朗读、交谈及作文创作等活动，不仅能够实现信息的有效传递与共享，还能深刻表达个人情感与思想。就课堂教学层面而言，教师通过讲授、朗读等手段，不仅是在教授语文知识，还是在进行自我知识的充实、个人教学风格的彰显，以及师生间情感纽带与和谐关系的构建与维护。这一系列教学活动，共同构成了小学语文课堂丰富而多元的教学生态。

3. 教育性

小学语文作为价值观念与思想文化的核心传播媒介，其字词间蕴含的文化深度与教育价值尤为显著，尤其是在汉语语境下，每一言一语均承载着厚重的文化底蕴。通过学习涉及爱国主义情操、情感抒发技巧以及哲学思维探讨等多元内容，学生能够自小便打下正向的价值观根基，逐步塑造出崇高的个人品格与道德品质，为其全面发展奠定坚实的基础。

（三）小学语文高效课堂教学的现实意义

教育之本，旨在促进个体的长远发展与潜能释放，故现代教育体系需为学生的未来人生奠定坚实基础。功利化教育难以承载此重任，转而需聚焦于提升课堂效能，构筑高效学习空间。高效课堂的构建，其核心并非单纯追求学业成绩的攀升，而是侧重于效率与质量的双重提升。此模式倡导学生主动探索、团队协作及自我研究的学习范式，摒弃教师单向传授的传统模式，力求在有限的课堂时间内，使学生不仅掌握知识与技能，还能形成积极的学习态度、健康的情感导向与稳固的价值观念。同时，高效课堂亦注重优化时间管理，为学生留出充裕的课外时光，鼓励其自主规划，促进全面发展。高效课堂的构建与新课改理念相契合，紧密贴合学生个性化发展需求，为教师的专业成长开辟了广阔的舞台，也为学校实践创新、科学发展铺设了坚实路径。鉴于此，恰当且有效地构建高效课堂，不仅承载着深远的教育意义，更成为满足学生作为课堂“核心参与者”需求的关键所在，亦是语文教育改革深入推进的必然需求。

1. 构建高效课堂是学生发展的需要

小学阶段的学生，其心理发育与逻辑思维尚显稚嫩，正经历个性塑造的关键期。他们对知识的习得过程，往往始于广泛“接纳”，继而“筛选”，最终“内化”。此过程中，掌握有效学习策略的学生能相对迅速地完成这一转化，而未得其法者，则在逐一“甄别”上耗费诸多光阴。高效课堂的核心理念，着眼于学生长远发展的视角，致力于激发其学习兴趣与热情，促使学生从“乐于学习”迈向自主掌握学习技巧，从而深刻认识到：无论是知识积淀、技能习得，还是能力构建，均非一蹴而就，而是需时间的滋养。学习之道，亦是如此，时间管理与效率提升至关重要。譬如，有人需十年之功，有人则八年即达，后者便多出了两年的宝贵时光去拓展更多可能。高效学习模式能够促使学生迅速领悟并熟练掌握关键知识技能。因此，语文教师亟须深入挖掘课堂潜力，智慧地调配课堂资源，最大化地激发课堂效能，旨在确保学生在有限的学习时段内实现学习成效的最优化。

2. 构建高效课堂是语文教学改革的需要

先进的教学理念是教育工作的有力导航，同时，任何前沿的教育理论均需经由教学实践的严苛检验，以证实其理论的实践价值，促使教育在持续探索与发展中相互促进。当前，高效课堂所倡导的理论，作为教育界的前沿探索，已在众多参与课程改革的学校中得到实践验证，证明了高效课堂的可行性与优越性，这不仅是未来教育改革不可或缺的趋势，也为基础教育领域的革新树立了典范，并清晰指明了前进的方向。

高效课堂旨在通过优化时间、精力与物质资源的投入，力求实现教学效果的最大化。此等卓越的教学成效，可具体展现于下述两大维度之中：一方面，追求效率的最大化，即衡量在单位教学时段内学生所获收益的丰厚度，这具体体现在课堂承载的信息量以及课内外学习负担的合理分配上。另一方面，力求实现效益的最优化，关注学生受教育教学活动影响的正面效应，这一层面广泛涵盖兴趣激发、习惯塑造、学习能力提升、思维发展以及品格修养等多个关键维度。

真正意义上的“高效课堂”，绝非单纯追求效率最大化或效益最优化的单一面向，而是需两者相辅相成，实现和谐共生的境界。简而言之，此类课堂在多个维度上均展现出显著突破。具体而言，在教学时间的利用、教学任务量的安排以及教学效果的达成上，均力求做到“减负增效”，即在减轻学生负担与减少资源消耗的同时，实现教学覆盖面的拓宽与教学质量的飞跃。这不仅是高效课堂的核心要义，也是其追求的多维度、高质量教育目标的集中体现。

（四）小学语文课堂教学的注意力

1. 注意力的概念与特点

注意力与意识之间存在着紧密的关联性，然而二者又非同一概念。首要之处在于，注意力与意识紧密相连，当注意力聚焦于某点时，我们的意识状态会相应变得更为明朗，且被注意力所牵引的内容，自然而然地成为意识关注的焦点。进而言之，注意力并不等同于意识本身，它扮演着筛选者的角色，决定了哪些信息能够进入意识领域，哪些则被排除在

外。相较于意识，注意力展现出更为积极主动的特性，且其控制过程更为灵活与精确。简而言之，注意力可以被定义为心理活动针对特定对象的定向与集中力，这一特性不仅体现在其明确的指向性上，还蕴含了高度集中的精神力量。[①]

“注意力的指向性是指在一瞬间，人的心理活动选择了某个对象，而忽略了另一些对象，指向性不同，获取的信息也就不同。”[②] 对于语文课堂教学来说，教师需要将学生的注意力指向课堂教学内容，让学生忽略干扰注意力的对象。

当心理活动指向某个对象时，它们会在这个对象上集中起来，这就是注意力的集中性。[③] 在语文课堂教学中，集中学生的注意力是保证教学活动顺利进行的前提条件。

2. 注意力的功能

（1）选择功能

注意力的筛选机制在面对多重刺激时显得尤为关键，它使学生能够从中甄别并专注于某一特定刺激，而非分散于多种信息之间。在课堂教学这一信息密集的环境中，鉴于学生身心发展的局限性，全面吸收所有信息实为不可能之任。故而，注意力的筛选机制成了一个先决条件，它促使学生聚焦于某一具体对象，同时自动忽略那些相对次要或无关紧要的元素。这一过程不仅是注意力提升与集中的基石，而且是确保学习效能与信息处理效率的重要一环。

（2）持续功能

注意力的持久性特质体现为其能够在既定时间段内稳定地聚焦于某一学习客体之上。这种持续性的保持，不仅是注意力得以提升与高度集中的基础条件，还是确保学习活动深入进行与成效达成的关键所在。唯有当注意力能够持续不断地发挥作用时，方能保障其强度与精度的双重提升。

（3）调节和监督功能

注意力具备的调控与监察机能，使得学生能够在同一时段内有效处理两种或多种外界刺激。此调控能力的展现，要求个体对并行活动拥有高度的熟练度。例如，在课堂情境中，学生能够同步聆听教师讲授并记录笔记。此外，学生在作业或测试中出现的细微错误，往往并非缘于知识掌握不牢固，而是与注意力在调控与监察层面的效能密切相关。

3. 注意力的分类

（1）无意注意

非意图性注意，作为一种缺乏明确目的且不需刻意努力的注意力形式，自然而然地将

---

① 马秋平．小学四年级学生课堂注意力的现状调查研究［D］．南京：南京师范大学，2016.

② 彭聃龄．普通心理学［M］．北京：北京师范大学出版社，2019.

③ 彭聃龄．普通心理学［M］．北京：北京师范大学出版社，2019.

人们的焦点导向其感兴趣的事物上，此种注意模式因其自发性而难以引发疲惫感。诸如教师的着装举止、教室的装饰氛围、教师的语言风格，乃至窗外偶经的人影，均可能成为诱发学生非意图性注意的外部因素。此外，课堂上展示的教学辅助工具，其存在亦可能不经意间吸引学生的注意力。鉴于此，教师在教具的选择上应持审慎态度，力求避免采用过分新颖或引人注目的物品，以防分散学生的注意力。

（2）有意注意

目的性明确的注意力，即有意注意，它要求个体付出努力以维持，历史上如孙敬悬梁苦读、苏秦锥刺股以励精图治，皆是此类注意力的生动体现。在语文教育的课堂实践中，学生的有意注意扮演着举足轻重的角色。教师需灵活运用语言艺术、肢体语言、激励机制及多样化的教学活动，全方位地激发学生的有意注意，并需细致观察与调控学生保持此状态的时长，避免过长导致的疲劳。适时穿插轻松愉悦的教学环节，不仅能够有效缓解学生的压力，还能促进他们形成持久且高效的有意注意能力。

（3）后续有意注意

后续有意注意，乃是一种既具明确目的又无须刻意维系的注意力状态，其培养有赖于教师在课堂中的持续投入与精心引导。初始阶段，学生或许需耗费时间与心力，方能将注意力聚焦于某一教学活动之上。然而，随着教学活动的深入发展，若其本身蕴含足够的魅力与吸引力，能够激发学生的浓厚兴趣与好奇心，学生将自然而然地维持其注意力，此时的目的性虽依旧存在，但努力感却已悄然消失，实现了从刻意到自发的转变。

4. 小学语文课堂教学与注意力的关系

注意力的质量水平，直接关联着学生对知识吸收的效率，进而对小学语文课堂教学的成效产生深远影响。当学生的注意力趋于涣散时，其集中精神的能力将受到严峻挑战，这无疑会构成课堂教学成效提升的障碍。因此，在教学实践过程中，我们有必要采取多元化的高效策略，旨在培育并增强学生的注意力集中能力，从而为小学语文课堂教学质量的持续提升奠定坚实的基础。

增强小学语文课堂教学的效率与成果，关键在于实现教学资源的最大化利用，以期在有限的资源消耗下，达成显著的课堂成效。此目标需借助学生自主学习模式的推广，促进学生达成高质量的学习产出。这一系列目标的实现，其根本驱动力在于小学生注意力的优化状态。当学生的注意力达到高度集中时，学生的思维活动将更为活跃与深入，教师的教学热忱亦得以激发，从而推动语文课堂教学有效性的显著提升。由此可见，提高小学语文课堂教学的效果，其核心策略之一便在于有效地引导学生实现注意力的深度集中。

（五）小学语文课堂教学中提问的技巧

1. 明确提问目的

在小学语文教学的课堂互动中，教师在设问之初就应清晰界定问题的旨归。此举旨在确保问题设计紧密契合教学目标，增强问题的聚焦性与精准度，进而有效引领学生的思维轨迹，促进其对知识的深度领悟与掌握。一个明确的提问目的，能够促使教师在构思问题时更具方向性与策略性，规避提问的盲目性与偏离性，最终助力提高课堂教学的整体效能与效率。

2. 掌握提问时机

在小学语文课堂教育的情境中，提问的契机对于其效果展现亦占据举足轻重的地位。教师应具备敏锐的洞察力，精准捕捉学生的即时反馈与课堂氛围的微妙变化，依据学生的学习动态与进程，巧妙择机抛出疑问，以促发更加有效的思考与讨论。

3. 运用多样化提问方式

提问方式的多样化策略，旨在更灵活地适配多元化的教学内容及学生个性化需求，从而激发其学习兴趣与探究欲望。在保留直接提问这一传统手法的基础上，教师可依据教学情境的实际需要，创造性地融入迂回提问、反诘式提问及连续追问等多种手法，以丰富课堂互动，促进学生思维的深度与广度发展。

4. 注重提问后的反馈

在小学语文课堂的提问策略中，对学生回答的反馈机制构成了艺术性的关键环节。教师应慷慨赋予学生充裕的反思时段，珍视其思维努力的结晶，并强调即时且精确地回应。面对学生的准确解答，教师应慷慨授予正面的认可与赞扬，旨在强化学生的自我效能与学习热忱；而面对学生的偏差或未完待续的回应，教师应耐心地指引，协助他们辨识症结所在，并鼓舞其勇于再试。此等高效的反馈循环，不仅能够有效激发学子的求知兴趣与探索欲望，还能稳健地推动其持续成长与进步。

二、小学语文课堂教学提升的意义

（一）改变传统教学模式

尽管新课程改革历经时日，其全面深化于小学语文课堂教学中的成效却尚显不足。受应试教育的惯性制约，部分教师仍固守传统的“灌输式”教学模式，偏重于理论知识的传授，而对学生综合能力的培养重视不足。另有一部分教师，在新教育理念的领悟上存在局限，未能充分契合新课改对学生全面发展的期待，其教学方法缺乏创新性与前瞻性，未能有效融入个体差异化的考量，从而影响了教学效果的优化。在差异化教学实践的推行中，其深度不足已成为学生创造力与素质全面提升的瓶颈。小学语文课堂内容的设置偏向理论化，与学生的实际生活脱节，难以形成有效关联，这进一步削弱了学生的学习动力与热情，未能充分激发他们的内在学习潜能。鉴于此，审视小学语文课堂教学的现状，为积极响应“双减”政策的号召并达成我们的教育目标，亟须对课堂教学进行深刻变革，以促进其更加贴近学生实际需求，增强教学的实用性与吸引力。

（二）发挥学生在教学中的主体地位

小学语文教学应凸显学生的主体性角色，确保他们能够全面融入并积极参与课堂活动之中。为达成此目标，我们应将合作学习的模式置于教学实践的核心地位，借助这一策略深化学生对文本内容的理解，并锤炼其团队协作与沟通能力。在集体探讨的情境中，学生间的思想交流将促成观点的碰撞与融合，进而促使学生自我审视并修正既有的认知偏差，实现知识构建与思维发展的双重提升。在阅读教学过程中，教师可灵活施展多元化策略，其中一项创新之举便是引导学生自主演绎文本，并就角色分配展开基于剧本脚本的深入研讨。学生既可遵循剧本既定情节行事，亦可发挥个人创造力，巧妙融入个人理解，使得每场表演都洋溢着学生的独特诠释。此等实践活动不仅确保了每位学生的积极参与，更通过舞台表现直观映射出他们对文本内容的深刻理解与独特见解。

（三）提高课堂教学效率

随着大数据时代的汹涌而至，海量信息如潮水般涌现，既极大地丰富了我们的信息获取渠道，也向个体信息处理能力提出了严峻挑战。网络空间虽广，但有效筛选与整合信息的能力却成为现代人不可或缺的关键素养，它不仅是当前生活学习的必备技能，更是未来社会竞争力的重要构成。在教学实践的维度上，我们可以巧妙地运用情境模拟教学法，通过生动直观的图像、视频等多媒体手段，为学生构建出贴近实际的学习场景，以此作为提升学习成效的坚实基石，引导学生在具象化的情境中深化理解，优化信息处理能力。

第三节　小学语文课堂教学有效性

一、小学语文课堂教学有效性的必要性

（一）符合新课标的基本要求

在新课程标准的框架下，针对小学语文教学明确设定了具体目标，这要求教育者必须拥有条理清晰的授课逻辑，并精心策划出科学有效的教学规划，采用最优的教学策略，以充分释放教学活动的效能，达成培养学生全面发展的目标。因此，教师积极践行语文课堂教学的有效性，不但是对新课标核心理念的深刻践行，而且是顺应教育改革潮流的必然趋

势，推动小学语文教育实现创新突破的关键举措。

（二）推动学生全面发展的需要

随着社会持续进步，对人才素质的要求亦日益严苛，学生唯有全面强化自身综合能力，方能在激烈的社会竞争中稳占一席之地。鉴于此，语文教师在施教过程中，应当致力于提升教学的实效性，不仅需要传授学习技巧，夯实知识基础，还需注重激发学生的思维能力，促进其综合素质的全面发展，以适应时代对人才的新要求。

二、小学语文课堂教学有效性的原则

（一）以生为本

在小学教育阶段，强化学生的主体性地位是优化语文课堂效率的核心要素。面对新一轮教学改革的深入，学生的课堂主体性得到了前所未有的重视，这迫切要求教师在教学理念上实现创新突破，通过重新定位自我教学角色，将学生置于课堂的中心位置，并紧密围绕其实际需求构建教学模式，以确保教学活动的有效性与针对性。从教学效能提升的视角审视，教师欲达成高效课堂的愿景，需致力于将教学流程的每一环节均优化至最优状态，其中，学生的核心地位不言而喻，理应成为教师关注的焦点。在具体实施中，教师应深入洞悉学生的语文基础、认知偏好及思维潜能，进而量身定制一套旨在精准对接学生需求的教学目标与方案。此过程旨在通过精准施策，有效激发学生的内在学习动力，进而促进课堂学习效率与学习成果的双重飞跃。

（二）寓教于乐

寓教于乐作为激发学习积极性的核心策略，是确保语文教育成效的关键基石。此理念倡导教师将学习过程转化为充满乐趣的体验，让学生在享受中领悟知识，从而自然滋生对语文学科的深厚情感与持久热情。基于此，为了促进学生以更加饱满的姿态投身于语文知识的探索之旅，教师务必精心践行寓教于乐的原则，让学习成为一场愉悦的探索与发现。

（三）学以致用

实践导向乃增强小学语文课堂教学的核心原则。鉴于语文作为汉语语言艺术的基石，其知识体系紧密关联于学生的日常生活情境。故而，小学语文教材精心编排了丰富多样的实践应用性内容，涵盖演讲、辩论及多元化实践活动，旨在促进知识的实际应用。然而，当前小学语文教育实践中，部分教师对这类实践导向的教学内容重视不足，导致学生错失宝贵的实践锻炼机会，进而可能制约其语文素养的全面发展。

三、小学课堂教学有效性的判断依据

（一）教师角度

1. 教学观和学生观

教师的教学哲学与学生观念深刻反映其教学理念，对课堂教学策略及行为施以关键性影响。评估课堂教学有效性时，需审视教师的教学观与学生观，聚焦于教师是否深入钻研教材、活跃课堂氛围并关注学生成长，以及能否在施教过程中体验到职业的幸福与成就，从而构建起积极的教学自我认知，而非仅视教学为外在强加的任务或责任。在师生关系层面，教师应视学生为学习的主动探索者，而非被动接受知识的容器，致力于激发学生的内在动力，鼓励学生独立思考，培养其形成个性化的见解与思维体系。

2. 师生交往

在教学活动的核心舞台上，教师与学生共同扮演着主体角色，他们之间的关联构成了教育互动的关键纽带。师生间的互动模式，尤其是基于平等与尊重的师生关系及开放性的对话交流，是提升课堂教学效能的关键要素。评估课堂教学成效时，审视师生交往的质量尤为重要，这涉及教师是否秉持公正原则，尊重每位学生的独特个性与学习风格，积极评价学生的学习努力与成果，以客观态度对待学生的失误，并实践个性化教学，超越单一成绩评价框架。在此良性互动中，教师的尊重能够激发学生相应的尊重情感，进而点燃学习热情，增强学习动力，最终促进教学效果的显著提升。

3. 教师评价

教师评价体系的构建应避免仅聚焦于教学结果或单一的学习成绩，而应深化至评价过程的每一环节。此过程强调对个体成长轨迹的纵向审视，而非与他人进行不必要的横向对比，旨在促进每位学生的自我反思与进步。积极且全面的教师评价策略，有助于精准捕捉学生的学习动态，不仅改善其当前学习状态，还能为全面理解学生的学习能力与发展潜力提供坚实支撑。

4. 作业布置

作业设计的形态、量与完成状况是衡量课堂教学成效的关键维度之一。在当前“双减”政策与素质教育理念的双重导向下，作业设计应聚焦于促进学生能力发展的优化路径，而非单纯追求数量上的增减。作为评估课堂教学有效性的重要标尺，作业设计的有效性应聚焦于其是否能有效增强学生的学习能力与方法掌握，以及学生在完成作业过程中是否能体验到学习的愉悦与启迪。科学合理的作业布置策略，不仅能够为学生减压松绑，更能在实践中增强学生的自我效能感，构筑起坚实的学习自信心。

5. 教师反思意识

教师的自我教学反思，作为深化教学理解、精进教学技艺的关键步骤，其重要性不容忽视。相较于外部评价，教师的内在反思往往能触及更深层次的教学本质，精准捕捉课堂实践中的短板与提升空间。在评估课堂教学效能时，应将教师的反思意识纳入考量范畴，视为衡量教学质量的重要指标之一。教师的专业成长与教学策略的优化，正是根植于不断地自我反思之中，这一过程不仅能够助力教师革新教学方法，更能显著提高课堂教学的整体效果与效率。

（二）学生角度

现代教育理念倡导以学生为教学活动之核心，其身心成长特征、学习习惯之培育、学习偏好之倾向以及人格素养之塑造，均为衡量课堂教学成效不可或缺之维度。这些因素相互作用，共同作用于教学过程，深刻影响着课堂教学的质量与效果。

1. 学习成绩

尽管学业成绩非评估教学成效之唯一标尺，然而其作为学生学习进展的直观镜像，能为教师提供宝贵视角，洞悉在特定教学策略与组织形式下，学生所达成的阶段性学习成果及教学目标实现状况。此反馈机制对于教师优化教学策略、调整教学节奏具有重要意义。

2. 学生参与

学生作为教学互动的核心参与者，其课堂融入度直接关系教学流程的顺畅推进与课堂秩序的维系。当学生展现出高度的课堂参与度时，结合精心设计的教学活动，不仅能促使他们汲取更为丰富的知识养分，促进个人能力全面发展，还能激发其内在的学习动力与成就感，进而逐步构建起自主学习的主体身份与良好习惯。

3. 学习兴趣

兴趣，作为学习之旅的最佳导航者，能够显著加速教师教学策略的有效落地，并有效减少课堂秩序潜在的波动因素。衡量课堂教学成效的另一维度，在于审视学生学科兴趣的增进与否。当学生对语文学科怀揣浓厚兴趣时，他们不仅会成为教师教学活动中的积极响应者，还会化身为学习的主动探索者，其语文学习的思维也将焕发前所未有的活力与敏捷。

4. 学习方式和方法

鉴于学生间思维方式、个体素质及行为习惯的差异性，个性化学习路径与策略应运而生，这些策略虽各具特色乃至存在局限，却能针对不同学生群体实现最优化的学习成效。据此，评估课堂教学之有效性，核心在于考察其是否助力学生构建并掌握了与自身相契合的高效学习模式与方法。

（三）课堂教学组织方式及教学工具

1. 教学组织方式和教学方法

高效的课堂教学实现，离不开精心策划的教学组织方式与教学方法的精准匹配。在评估课堂教学成效时，关键在于审视所选教学组织方式与教学策略是否紧密贴合教学内容需求，能否有效契合学生的学习特征，以及在适宜的教学架构与条件支撑下，学生能否享有积极且成效显著的学习体验。

2. 教学工具

教学辅助手段作为课堂教学的关键增强器，具备将抽象教学内容具象化的能力，显著提升课堂教学的灵活性与适应性，助力学生深化知识理解并巩固记忆。评价课堂教学之成效，既需考量教学工具本身的创新与完善，亦应重视教师对这些工具的娴熟驾驭与创意应用，二者相辅相成，共同作用于提高教学质量的过程之中。

四、小学语文课堂教学有效性的影响因素

（二）教师因素对课堂教学有效性的影响

1. 教师教学观念

当前，部分一线小学语文教师仍沿用传统的授课方式，学生缺乏自主表达的空间。小学生特有的活泼天性被忽视，他们畏惧犯错，选择沉默以规避教师的责备。这种教学模式显然背离了小学生认知与心理发展的自然规律。在教学实施过程中，教师未能充分顾及全体学生的需要，忽略了学生间存在的个性化差异，未能实施差异化教学策略。

2. 教师专业知识水平和教育教学能力

扎实的语文学科专业素养是小学语文教师职业生涯中不可或缺的基石，唯有专业知识达到专业水准，方能游刃有余地驾驭教学内容，确保其处理的精准性与科学性。对于初登讲台的新手教师而言，持续的教育实践积淀与深刻的自我反思是提升之关键，同时需结合学生的心理特征与发展轨迹，深化对心理学知识的吸收与应用。鉴于教师队伍素质的多样性，众多教师在平衡知识传授与时间效率方面面临挑战，以致部分教师倾向于强化学生的刻苦精神，通过延长学习时间、机械记忆来追求成绩，此种学习方式虽短期内或见成效，却剥夺了学生的主动学习权，违背了教育教学的内在规律，长远来看，限制了学生的全面发展潜力。

3. 教学设计与目标设定

语文教师的课前准备与教学目标规划对课堂教学成效具有直接影响。在备课之初，应

明确本单元的教学目标，随后深入钻研教材。同时，细致分析学生的学习状况，以精准定位适宜的教学组织形式与方法，并细致撰写课时教学方案。若教师备课既详尽又精湛，则意味着其对教学目标与教材内容进行了深层次的探索，并成功发掘了诸多富有启发性的问题及创新元素。此外，对于教学过程中的每一环节，无论是采用讲授法还是讨论法，无论是组织小组合作还是鼓励学生独立完成，均预先进行了周密的规划与设计，从而确保课堂教学的各个部分紧密相连，流程紧凑且协调顺畅。

4. 师生关系

构建和谐、互信、尊重、理解且友好的师生关系，为学生提供了广阔的自我展现舞台，这与社会文化理论与活动理论不谋而合，均强调学习乃个体主动构建知识体系之过程。当学生与教师间建立正面情感联结时，其学习兴趣得以激发，进而转化为自主学习的动力。相反，若师生关系紧张，学生则可能产生消极抵触情绪，对学习采取回避态度。在此情境下，任何形式的强制学习不仅难以奏效，反而可能加剧学生的厌学情绪，导致学习效果适得其反。

5. 教师反思改进意识

“教师的反思意识是指教师在教育实践中反思的意向和愿望，就是教师对反思所持有的内部观念，这种观念指引着教师反思的实际活动。”① 若缺失了反思的维度，课堂教学的有效性便无从谈起。实际上，通过及时审视并修正教学过程中的瑕疵，教师不仅能够精进自身的教学技艺，更能加速个人专业成长的步伐。在持续的教学反思实践中，教师间得以相互借鉴，深化交流，这种基于教学实践的深度反思，远非一般意义上的简单回顾或自我反省所能及。

6. 教师评价与激励

教师评价能够即时诊断学生学习中的问题，并发挥积极的导向与激励功能，促使学生自我觉察学习中的短板，并为其提供切实可行的改进策略。当教师评价聚焦于考试成绩时，学生会自然倾向于追求分数；若评价重心转向能力提升，学生则会更加注重团队协作与探究学习；而若评价强调人格与品质的塑造，学生则会更加关注自身思想道德的修养。教师在实施评价时，应秉持非奖惩、非评级的原则，旨在揭示问题本质，追踪问题演变轨迹，从而为教学优化与提升奠定坚实的基础。

（三）学生因素对课堂教学有效性的影响

鉴于生理特征、生活环境及教育背景的多元性，学生群体在发展方向、速度及模式上展现出显著的个体差异。学生的兴趣倾向、认知发展阶段、学习态度及人格特质，均构成

① 彭华茂，王凯荣．小学骨干教师反思意识的调查与分析［J］．西北师大学学报，2002（5）：39.

影响课堂教学成效的关键因素。因此，能否准确识别并深刻理解学生间的这些差异，对于提升课堂教学的有效性与针对性而言，是一个不可或缺的先决条件。

1. 学生学习兴趣

学生的学习兴趣，犹如学习旅程中的催化剂，对课堂教学效能的提升具有无可估量的价值。步入语文课堂的那一刻，若学生脸上洋溢着笑容，这无疑是他们对课堂热爱的直接表达。在愉悦与积极心态的驱动下，学生会自发地投身于学习中，积极思考，勇于展现自我，不再视教师为权威之象征，而是与教师建立起朋友般的亲密关系，在这样的氛围中，交流变得无拘无束。课堂上，学生争相举手发言，积极参与实践，充分展现各自独特的才能与兴趣，形成了生动活泼的学习场景。相反，若学生对语文课失去兴趣，课堂则可能沦为无味的单向灌输，学生的注意力难以集中，甚至可能滋生对课程的反感，最终选择自我放任，远离学习。

2. 学生学习动机和态度

持有强烈积极学习动机的学生，内心充满自我效能感与旺盛活力，他们不懈奋斗，旨在跨越障碍，收获成功的果实，在这一过程中极大地激发了其内在动力与积极性。相比之下，学习动机薄弱的学生，在遭遇挑战时往往轻易言败，难以持续努力直至目标达成。那些深受自卑与恐惧困扰的学生，其意志力与信心缺失，态度消极懈怠，视学习任务为负担，被动接受知识，被动完成指派任务，此举非但未能激发学习兴趣，反而加剧了学习的沉重感。反之，拥有高度自信与勇气的学生，展现出极为端正的学习态度，他们能够积极主动地面对挑战，自发地完成任务，展现出对学习的热爱与投入。

3. 学生认知风格

个体在信息处理过程中展现出的心理偏好差异，导致了多样化的认知模式，涵盖从场独立到场依存，以及沉思型与冲动型的不同维度。具体而言，场独立型学习者在错综复杂的背景环境中能够游刃有余地分离出自我或特定对象的轮廓，展现出较高的自主辨识能力。相较之下，场依存型个体在面对同样情境时，则可能遭遇更大的挑战，表现出对外部环境较高程度的依赖。

4. 学生人格

（1）气质类型差异

气质本身并无优劣之分，每个人都是独特气质的载体，每种气质亦各具特色。各类气质类型均蕴含其标志性的特点，譬如，多血质型学生倾向于动手实践，思维灵活敏捷，擅长社交互动，在语文课堂上常能踊跃发言，为课堂氛围注入活力。然而，他们的注意力往往不够集中，易于分心，且在问题分析上可能浅尝辄止，缺乏深入探究的毅力。胆汁质型

学生则以充沛的精力和强烈的竞争意识著称，他们能够全身心地投入小学语文学习的每一个环节，对教师布置的任务持有高度的热情和责任感，积极应对学习过程中的种种挑战。他们常展现出半途而废的倾向，耐心与毅力不足，一旦面对教师设置的高难度问题，即便已有所尝试，若未获解，亦倾向于轻言放弃。抑郁质型学生面对语文学习之挑战，显得胆怯而迟缓，其反应速度不济，难以灵活应对学习障碍，较少与同学交流，故在合作学习中参与度低，课堂表现缺乏活力，常保持沉默。相比之下，黏液质型学生在语文课堂上虽思维略显迟滞，反应不及他人敏捷，但他们擅长深思熟虑，拥有丰富的想象力，能够持之以恒地完成教师交付的各项任务，展现出坚忍不拔的学习态度。[①]

（2）性格类型差异

性格差异主要表现为性格类型的差异。性格类型是指在某一类人身上共同具有的某些性格特征的独特组合。[②] 学生在学习、职场及日常活动中展现出迥异的个性特征。外向型学生倾向于乐于助人，性格开朗豁达，课堂上无所畏惧，勇于表达见解，展现出强烈的自主性，能够独立完成教师分配的各项任务。相反，内向型学生则表现出极高的沉静性，偏好独处，常选择独自留在教室，课堂互动中亦显得较为缄默，回答问题不够积极，在小组协作时亦显沉闷，其社会适应与协调能力有待提升。值得注意的是，学生在课堂上的表现并非一成不变，多数学生会在不同情境下展现出时而外向、时而内向的多面性。

5. 学生自主参与

缺乏学生积极参与的课堂，其氛围必然沉闷且乏善可陈，难以称为有效的学习场所。教学的本质在于以学生为中心，聚焦于学生主体性的彰显与主动性的激发，旨在通过鼓励学生的实践参与，来培育其创新能力并深入挖掘其智力潜能。学生自发、积极地参与，对提升课堂教学成效而言，具有不可估量的重要影响。

（四）教学组织方式及教学条件支持对课堂教学有效性的影响

1. 教学组织方式和方法

当前，小学语文课堂正经历转型，由传统的单向灌输模式转向合作探究导向，强调学生主体性而非教师权威，注重能力培养而非机械记忆，鼓励个性发展而非整齐划一。在这一框架下，小组合作学习成为常态，学生围绕教师设置的问题展开深入探讨，共同协作以求精准解答。然而，值得注意的是，多数教师在运用这些新兴教学策略时，其熟练度与成效尚有待进一步提升，以达到炉火纯青的境界。在传统教学课程中，问题探究常流于表面，随意挑选与课文关联的议题，却忽视了问题的目的导向与探究深度。此外，学生参与

① 张宏杰．进城务工人员随迁子女课堂管理中的教育公平问题研究［D］．烟台：鲁东大学，2013.

② 张大均．教育心理学［M］．北京：人民教育出版社，2005.

的真实性与合作的有效性亦存疑，部分学生可能仅作为旁观者而非积极参与者，直接获取组内结论，导致合作互动环节成为课堂表面的华丽装饰，而非真正促进学生主体性的发挥与合作学习的实效。因此，如何确保教学活动实质性地提高学生的参与度，实现合作学习的核心目标，以及提升语文课堂教学的整体效能，是每位教育工作者亟须深思的议题。至于教学方法的运用，其多样性与合理性同样至关重要。在作文教学中，观察法与体验法可并驾齐驱，以丰富学生感知；常规课程中，则可通过演示与实验的结合，增强教学的直观性与实践性；至于阅读教学，则宜灵活采用读书指导、朗读训练、摘抄笔记等多种策略，构建多元化的教学设计，以促进学生综合素养的全面提升。

2. 教学条件支持

教学条件支持体系广泛涵盖校园的自然风光、教学硬件设施、图书资源及整体美化水平，以及师资力量的合理配置。具体而言，校园规划、运动场地优化、文体中心构建、图书馆藏书质量、教室装备升级、多媒体实验室及语音教学环境的完善与高质量配置，均为提升课堂教学效能的关键因素。在语文教学情境中，教师与学生对多媒体技术的融合应用、计算机技术的熟练掌握、实践操作技能的展现，以及学生阅读能力的培养，均对语文教学成效产生深远影响。此外，学校的物质环境不仅承载着教育功能，还兼具美育价值，对学生审美能力的培养起着积极作用。高效的教学环境应面向全体学生，营造轻松愉悦的学习氛围，促进教与学的和谐共生，并确保教学资源的丰富性与适用性。

五、小学语文课堂教学有效性的主要体现

（一）教学目标达成的有效性

普遍认知中，教育成效的达成根植于教育与学习的双重基石之上，其核心在于师生间互动所催生的积极影响，这亦是提升课堂效能的终极愿景。在规划小学语文课堂教学目标时，务必紧密关联实际教学成果，双管齐下，注重学生知识与技能并重的培育策略。此外，还需对教学流程与教育手段进行深度融合与创新，灵活塑造学生的情感世界与价值观念。唯其如此，方能确保教学方法的精准性，教育目标的科学性，从而有效地促进教学效果的全面提升。

（二）课堂学生参与的有效性

基于科学实践的观察，学生在课堂上的聆听能力构成了衡量教学效果的关键能力，彰显了其在课堂环境中的核心地位，是增进课堂效能不可或缺的基石。在小学语文课堂上，教育过程致力于心灵的全面释放，鼓励学生积极拓展思维疆域，通过个人化的体验、深入反思与独立探索，全然融入教学活动之中，进而领略学习的无穷魅力。这一过程促进学生依托学习体验、知识积累、实践技能以及独立思考能力的综合提升，实现全面发展。

（三）师生互动的有效性

依据新课程标准的指引，现今的课堂教育宛如师生共舞的精致舞台，它不仅编织着师生间情感的纽带，还搭建起经验互享的桥梁。构建和谐且稳固的师生互动机制，是提高小学语文教学质量不可或缺的基石。在实际教学实践中，教师需深刻领悟教育内容的精髓，灵活调控课堂氛围，强化师生间自由、平等的友好交流，深入学生之中，以最为诚恳的态度倾听其心声与见解。通过充分准备与对学生意见的珍视，我们能够更有效地优化语文课堂，促进教学效率的显著提高。

六、小学语文课堂教学评价语有效性

（一）小学语文课堂教学评价语核心概念的界定

1. 教学评价

关于“教学评价”的定义，部分学者从教育评价与教学评价的内在联系出发，视其为教育评价体系中中观与微观层面的重要组成部分。这一过程紧密围绕既定的教学目标与课程标准展开，系统地对学生的学习成效与教师的教学表现进行调研、衡量与评判，旨在识别其价值所在及存在的不足，并据此提出改进措施。另有学者则将教学评价阐述为：“在教学过程中，通过目的明确的观察与测量手段，捕捉学生在学习路径上所经历的各类变迁，将这些变化与预设的教学目标、教师的教学绩效、学生的学习成效以及个性成长状况相对照，采用科学且有效的方法进行价值评估，以指导并优化教学流程的调整与改进。”① 总而言之，教学评价是一个价值过程，直接作用于教学活动的各个方面。

2. 课堂教学评价语

在教学实践场域内，课堂教学评价语构成了教师与学生双重身份下，既为评价主体，又为评价对象的特殊交互方式，其核心宗旨在于激发学生的自我审视与成长潜能，并作为教师教学策略优化的重要反馈机制。董燕芝所阐述的概念中，此类评价语根植于课堂现场，由教师针对学生知识吸收程度、课堂综合表现（涵盖学习策略、学习能力及情感共鸣等方面）进行的语言评价；同时，涵盖了学生个体的自我评价、同伴互评以及对教师教学效果的反馈。这些评价表达形式丰富，囊括了口头表述与体态语言的综合运用，其中，口头评价语占据主导地位，而体态评价语则作为辅助手段，共同构成了一个多维度的评价体系。②

---

① 梁丽芬．对教学评价的探索［M］．呼和浩特：远方出版社，2005.

② 董燕芝．小学语文教师课堂教学评价语言存在的问题及对策研究［D］．曲阜：曲阜师范大学，2020.

（二）小学语文课堂教学评价语的分类

1. 评价内容维度

（1）知识技能评价语

在教学过程中，针对学生的知识技能掌握情况，教师依据既定的教学目标，运用特定的评价语言来评估他们对学科基础知识与核心技能的认知与掌握程度。在语文教育领域，尤为注重工具性技能与人文精神的和谐共生。在教学实施过程中，首要任务是促使学生牢固掌握语言文字的基础知识，进而，教师的评价措辞需侧重引导学生积极累积语言运用的实践经验，并有效激发其探索语言文字奥秘的浓厚兴趣。

（2）过程方法评价语

过程性评价用语是教师针对学生能否将习得的知识与技能有效融入学习过程之中而采用的评判性言辞。此类评价贯穿课程教学的每一个环节，其核心在于监测学生获取知识、应用知识以及掌握并实践学习方法的全过程。在语文学科的语境下，尤为凸显的是语言文字在真实语言环境中的实际运用，强调对学生语言文字运用能力的全面培育与持续提升。

（3）情感态度价值观评价语

在情感态度与价值观念的维度上，评价语是教师针对学生自我认知、人际交往以及在课程内容触发下的情感流露、态度展现与价值抉择所采取的言语反馈。语文作为一门富含人文底蕴的学科，教师在评价过程中应着重聚焦于学生人文精神的滋养、语文综合素养的增进，情感世界的丰富与心理成长的促进，以全面关注学生的综合发展。

2. 评价方式维度

（1）言语性评价语

教师采用口头语言对学生学习成效及表现进行的评价，被界定为言语性评估表述。作为课堂评估的关键手段，言语性评估表述在教学过程中占据了举足轻重的地位。教师灵活运用多样化的口头评价策略，能够显著激发学生的学习动力，加深师生间的深层次交流与互动，从而构建更加积极有效的教学环境。

（2）非言语性评价语

非语言性评估表达是教师借助声调波动、目光接触、面部表情及肢体语言，在课堂情境中对学生表现进行即时反馈的方式。其构成可细化为四大维度：首先为辅助性非语言评估，即教师运用语调与语气的微妙变化来传达评价信息；其次为目光交流，教师通过凝视或视线回避等策略，以眼神为媒介传递肯定或否定的情感信号；再次为面部表情，教师运用微笑、严肃乃至愤怒等多样化的面部表情与学生进行情感与评价的互动；最后为体态语言，教师借助手势、身体姿态等动作，如鼓掌、竖起大拇指、点头示意等，来强化或补充评价内容。此类非语言性评估手段，以其独特的表现力，在教育教学过程中发挥着不可替代的作用。

3. 评价时机维度

（1）即时性评价语

即时评价表述是教师在课堂上即时针对学生回应与学习展现给予的直接反馈。此类评价的有效性与合理性，核心在于教师能否精准捕捉最佳契机，并灵活运用教育智慧，以此激发并促进学生主动学习的意愿与动力。

（2）延迟性评价语

在学术语境下，相较于即时反馈的评价语汇，延迟性评价语则是指教师未采取即时评估策略，而将评价时点延后，借助援引先前论述或他人观点，对学生表现进行横向对比与深入分析，以此构成对学生学习成效的综合性评价。

4. 评价语类型维度

（1）简单随意型评价语

教师在课堂中针对学生的学习表现所采取的一种直观而有限度的评价方式，可归为简约粗放型评价语范畴。此类型评价往往体现出教师的快速响应习惯，虽频率颇高，却多聚焦于知识掌握程度的表层判定，呈现出机械且单调的特性，未能有效地激发学生进一步的学习热情与探索动力。

（2）准确得体型评价语

在学术领域中，详细精确型评价语被视为教师针对学生课堂学习效果所给予的明确且具有高度针对性的评价反馈。与那些偏向简易笼统的评价方式相比，此类评价语展现出更为详尽准确、目标导向明确的特点，有助于精准把握学生的学习进展。

（3）语言艺术型评价语

在学术探讨的语境下，艺术性语言评价法指的是教师在评价学生时，巧妙地融入幽默风趣、富含哲理且寓意深远的言辞，以此作为评估的载体。特别是在语文学科的教育实践中，此法尤为契合。该学科侧重于引导学生沉浸于语言文字与文学作品的海洋，深刻体验语言的韵味，进而实现情感的深刻共鸣与心灵的深度净化。语言艺术型评价语不仅能够丰富评价手段，更能在潜移默化中助推学生核心素养的全面培育与发展。

5. 评价对象维度

（1）面向个人评价语

在课堂教学过程中，教师针对学生个体的具体表现所实施的目标导向性评价话语，其表述形式常侧重于采用第二或第三人称的人称代词，以此实现对学生学习状态的直接且明确的反馈。

（2）面向部分学生评价语

在合作学习场景中，针对特定组别成员或某一群体的集体学习成效所实施的评价性言辞，即构成了对该群体表现进行评判的评价语形式。此类评价话语在团队协作学习活动中尤为常见。

（3）面向整体评价语

教师在全班范围内，针对全体学生的共同响应及系列学习展现所展开的整合性评估，构成了集体性评价的实质内容。此评价模式侧重于对学生群体表现的全面审视，凸显了评价的整体性特征。

（三）小学语文课堂教学评价语的特点

1. 小学语文课堂教学评价语的一般特征

（1）针对性

在教育的广阔天地中，每位学生均系独一无二的个体，其间彰显着鲜明的个性化差异。当步入课堂教学的殿堂，每位学生对理论精髓与问题的剖析与回应皆别具一格。鉴于此，教师的课堂评价艺术须深谙教学场景的微妙变化，紧贴学生个性化学习轨迹，并紧密围绕既定教学目标，从而实施具有高度针对性的评价策略，旨在全面促进每位学生独特个性的蓬勃发展与深化。

（2）引导性

在教育领域中，教师扮演着学生探索知识旅程中的导航者角色。面对学生在求知路上遭遇的瓶颈与挑战，教师应巧妙地激发学生的内在潜能，鼓励他们挣脱固有思维模式的束缚，勇于探索多元的思考路径以化解难题。故而，在运用课堂教学评价语时，教师应精心构思，确保每一句评价都能成为引领学生思维飞跃、深化理解的有效工具，从而充分发挥其启迪与导向的积极作用。

（3）情境性

在特定的语言交流场景中，同一种语言的表达往往会因情境的迥异而承载截然不同的含义。对于教师的课堂教学评价语而言，其效力与价值深植于具体的教育情境之中，唯有在此独特的背景下，方能彰显其应有的引导与反馈功能。一旦脱离了这一特定的情境框架，这些评价语便如同失去了灵魂的符号，难以再传递出原本所承载的意义与内涵。

2. 小学语文课堂教学评价语的特殊特征

作为传承与研习国家通用语言文字的基石，语文学科兼具实用工具性与深厚人文性的双重特质。此课程之核心，旨在全面培育并提升学生的综合素养，为其后续学习各类学科知识奠定坚实的基础，展现出其不容忽视的基础性地位。值得一提的是，语文知识的习得与内化，并非囿于课堂一隅或课程框架之内，而是跨越界限，拥抱更为广阔的学习空间，彰显了其独特的开放性与包容性。

（1）基础性

从多维度审视，核心素养的构建涵盖了文化根基的夯实、社会参与的融入与自我发展的驱动三大支柱。语文学科作为这一体系构建的关键一环，不仅深耕于学生核心素养的培育土壤，更为其他学科的学习铺设了坚实的基石，其奠基作用不可小觑。与此同时，在小学教育阶段，语文知识的传授还扮演着塑造学生优良个性、健全人格及推动其全面成长与终身学习的基本角色，其基础性价值尤为显著。

（2）工具性

语言文字作为信息传递的媒介与情感交流的桥梁，承载着沟通心灵、表达深意的重任。在语文课程的核心框架下，我们聚焦于语言文字的研习，旨在凸显其作为学习工具的本质属性。而课堂教学中的评价语，作为语言艺术的一种体现，不仅能够激发学生的表达欲，鼓励他们勇于抒发内心的情感与见解，还能促进学生间的积极互动与深度交流，共同编织一幅幅思维碰撞、情感交融的学习图景。

（3）人文性

在人类文明的浩瀚星空中，语言文字占据着举足轻重的地位，其深度与广度在语文学科的知识体系中得到了淋漓尽致的展现，蕴藏着无尽的文化深邃与内涵。为了培育学生深厚的人文情感与广袤的文化视野，关键在于引领学生深入文本肌理，细腻感受字里行间所流淌的思想情愫，并在此过程中，让他们亲身体验并领悟文化的独特韵味与非凡魅力。

（4）开放性

语文课程的知识架构横跨多元领域与范畴，其体系之广，非单一分支所能概括，而是与多门学科交织共生。此外，语文学习的疆域亦非局限于课堂之内，它跨越了教室的边界，延伸至广阔的校外空间，乃至生活的每一个角落。语文，既源于生活的点点滴滴，又是我们理解生活、表达生活不可或缺的工具，其学习与应用，皆紧密地与生活实践相融相生。

（四）小学语文课堂教学评价语的作用

1. 提升学生语文素养

教学评价语作为课堂教学互动中的一类重要言辞，独特之处在于集反馈、诊断与激励多重功能于一身。在语文教学场景中，此类评价语不仅是传递知识信息的媒介，而且是推动学生语文素养全面发展不可或缺的力量源泉，发挥着至关重要的作用。

2. 提高课堂教学效率

教学活动，本质上是一场师生间深度互动与共鸣的旅程。在此旅途中，教师凭借评价语的艺术，精准捕捉学生的学习状态与信息，并即时回馈，构建起一座沟通学与教的桥梁。高质量的评价语，犹如灯塔之光，引导学生依据反馈的光芒，自主调整学习航向，稳健驶向个人成长的彼岸。对于小学生而言，正值认知能力尚待完善的阶段，教师精心雕琢的评价语，如同清晰的地图，助力他们洞悉学习路径，明确发展目标，逐步实现自我超越，这正是教师评价语所承载的核心使命与价值所在。有效的评价语，不仅促进了学生学习动力的激发与方法的优化，也为教师教学策略的调整提供了宝贵依据，从而推动了教与学双向互动的高效与和谐。这一过程不仅契合了语文课程标准的核心理念，还为课堂教学效率的提高与教学质量的飞跃铺设了坚实的基石。

3. 促进教师专业发展

教师的专业成长历程是其在专业知识体系构建、专业技能精进以及专业情感深化等三大维度上持续精进与升华的动态过程。在此过程中，课堂评价语作为教师在教学现场，针对学生学习表现所给予的专业性反馈语言，扮演着举足轻重的角色，是教师专业技能宝库中一颗璀璨的明珠，彰显着教师的教学智慧与艺术。就课堂评价语与教师专业发展之间的紧密联系而言，评价素养的强化是教师职业精进不可或缺的基石，它深刻嵌入教师专业成长的广袤版图之中。鉴于教育领域内对教师专业素养的日益高标，评价语作为教学技艺的一环，其运用能力的精进亦被赋予了新的时代要求。高质量的课堂评价语，不仅是评价技艺精湛的直接映射，更是教师专业发展深度与广度的自然流露，标志着教师向更高职业境界迈进的坚实步伐。

（五）小学语文课堂教学评价语的运用方法

1. 以个性和共性为依据

在运用课堂教学评价语时，我们需融合个性与共性两大维度，将其作为根本遵循，既深入洞察每位学生的独特个性特征，又兼顾学生群体的普遍共性，确保评价对象全面覆盖个体与集体。依据自我效能感理论的核心要义，我们倡导在坚守个体尊重性、全面发展性、具体针对性这三项基本原则的基础上，巧妙运用评价语，旨在激发学生个体的潜能释放与整体群体的和谐共进，实现个性化成长与集体性发展的双重飞跃。

2. 以多维的内容为载体

在运用课堂评价语之际，我们需构建一个多元维度的内容框架，其不仅聚焦于学生知识与技能的基础维度，还需深刻触及情感态度的驱动力层面以及方法与过程的辅助性空间。遵循全面发展的核心理念，评价语应成为推动学生全方位成长的强大引擎。在此框架内，知识与技能构筑了稳固的基石，而情感与态度则如同不息的动力源泉，方法与过程则如同精密的导航仪，三者紧密交织、互为支撑，共同构成了学生成长路径上不可或缺的三大支柱。因此，课堂教学评价语的内容设计，务必彰显其多维性特征，以确保每一维度都能在学生全面发展的蓝图中发挥不可替代的作用。

3. 以多样的功能为途径

在运用评价语的过程中，我们需灵活运用其多样化的功能作为实践路径，旨在全面激活课堂教学评价语的潜在效能。这些功能包括但不限于激励性、批判性（原否定判断性）、导向性、阐释性等，各自在特定情境下展现着独特的价值。具体而言，激励性评价语如同催化剂，有效地激发学生的积极情绪与学习动力；批判性评价语则扮演着纠偏者的角色，精准指出学生的不足并引导其改进；导向性评价语则如同灯塔，引领学生深入思考与自主探索的海洋；而阐释性评价语，则如同精练的笔触，对学生的反应与表现进行深度剖析或精练概括，使评价更加全面而深刻。通过这样多元化的功能运用，课堂教学评价语得以充分发挥其综合效应，促进学生的全面发展。

4. 以恰当的表达为手段

以精准的表达为策略，即将准确无误的表达方式视作教学评价语实施的关键手段，旨在充分彰显评价语的实际效能。依据语用学的深层次理论框架，我们需在恪守个体尊重与具体针对性的双重原则下，构建评价语表达的双重维度。这两个层次相辅相成，共同确保了评价语不仅能够精准对接学生个体差异，还能在具体情境中实现有的放矢的引导与反馈。

5. 以学科的韵味为特色

以学科韵味为特色，即恪守学科特质性原则，在施展教学评价语之际，深刻彰显学科独有的韵味。语文，作为人文底蕴与实践智慧交相辉映的学科，其教学评价语的运用亦需紧扣语言艺术之核心，挖掘并展现其深邃的人文情怀，从而更有效地促进学生语文素养的全面提升。同时，从语言表达的实操层面切入，教学评价语应精准捕捉并体现语文学科独有的风貌，即语言的运用需植根于丰富多变的语境之中，展现出多样的形式与鲜明的风格，以此强化语文教学的独特魅力与实效。

6. 以正向的情感为动力

以积极情感为驱动核心，教师在运用评价语之际，应秉持一股温暖而正向的情感倾向。情感作为行为的内在驱动力，对教学策略的实施具有深远影响。鉴于课堂教学的情感丰富性，教师在运用课堂教学评价语时，不可避免地融入了个人的主观情感色彩。基于教学评价语蕴含的教育价值及全面发展的核心理念，教师应以一颗关怀备至、热情洋溢的心，去运用评价语，使之不仅成为传递知识的桥梁，也能激发学生潜能、促进个性发展的催化剂。此种正向情感态度，将深刻影响评价语的内容选择、对象定位及表达方式，确保每一句评价语都能精准对接学生发展需求，最大化地发挥教学评价语的积极作用与效能。

7. 以积极的效应为导向

以正向效果为引领，教学评价语的应用旨在及时激发学生的积极回应。在实际运用中，学生的反馈可能呈现多样态势，包括积极、消极及中性反应。当教学评价语触发正向效果时，学生的参与热情显著提升，这一积极态势无疑为评价语功能的充分展现铺平了道路。相反，若产生消极效应，则可能构成评价语效能实现的绊脚石。至于中性或零效应状态，则暗示了评价资源的潜在浪费，需我们深思如何优化评价策略，以最大化其正面影响力。

（六）小学语文课堂教学评价语运用的过程

课堂教学评价语完整的运用过程包括预设准备、生成实施、结果反思三个阶段，这三个过程是环环相扣、不断循环促进的关系。

1. 预设准备

课前详尽规划，乃教师在步入课堂之前，针对本课时可能采用的评价语言所进行的前瞻性构想。鉴于课堂教学评价语属于即时反馈机制，其运用非即兴而为，实则背后蕴含“幕后千日功，台前一语惊”的深邃准备。精心预设是确保评价语有效运用的关键环节，此过程需细致考量学生特性与教学目标之双重维度。在此筹备阶段，教师应紧扣学生发展目标之实际需求，深入剖析学生特征，预测其课堂表现之可能轨迹，进而对评价语的运用策略作出初步且周密的部署。如此预设，旨在为后续评价语的实际生成与实施构筑坚实的基石。

2. 生成实施

课中动态实施阶段，乃教师依据实时课堂情境，灵活运用语言艺术对学生表现进行即时反馈的过程。此阶段，课堂教学评价语紧密贴合学生当下的实际状况，鉴于学生作为鲜活个体的独特性与复杂性，其课堂表现与反应往往充满变数，难以全然预见。即便教师已进行详尽周密的预设规划，亦难以全面覆盖课堂上可能出现的所有情境。因此，教师需具备高度的应变能力与敏锐的洞察力，在课中生成实施中灵活调整评价策略，以确保评价语能够精准对接学生实际，促进教学目标的有效达成。

3. 结果反思

课后成效回溯，乃教师于课堂结束后，对当堂教学评价语实施状况展开的深度审视，旨在提炼成功经验与剖析不足之处，为未来评价语之运用累积宝贵智慧。此反思过程，核心聚焦于学生在课堂上的即时反馈，视为评判教学评价语效能的关键标尺。学生若能积极响应，映射出评价语运用策略之妥帖有效；反之，若遇消极反馈，则需深刻剖析教学策略中的潜在缺陷。经由此番深刻反思，所得经验教训将化作宝贵指南，为后续的预设筹备注入前瞻性的洞察力与针对性的优化策略。

（七）小学语文课堂教学评价语运用的条件

1. 个人内部条件

个人内部条件即教师有关于评价语运用的个人专业素养，教师的专业素养包括思想意识和专业知识以及基础技能三个层面的素养。

教师评价语应用的驱动力，根植于其专业认知体系的内核，即教育教学理念与评估哲学之域。这一内在导向不仅塑造着教师的实践行为，更在科学的教育哲学与精准的评价观照耀下，为评价语的有效运用点亮明灯，确保每一句评价都能沿着正确的航道前行。

教师专业素养的基石，构筑于坚实的专业知识与基础技能之上。其中，基础技能涵盖了语言艺术的精妙运用与课堂管理的卓越能力；而专业知识则广泛涉及语文造诣、教育方法论及心理学原理等多维领域。这三者交织共生、相互促进，在专业认知的航标指引下，教师方能明辨方向，持续精进技能，深化专业知识体系。专业知识是技能提升的土壤，技能则是专业知识外化的桥梁与专业意识的实践载体。随着专业技能的日益精进，专业意识与知识得以在更广阔的舞台上展现其价值与魅力。三者协同并进，不但推动了教师专业素养的全面跃升，而且为评价语运用艺术开辟了无限可能，确保了评价语在教育实践中发挥最大化效用，精准引导，有效促进学生的学习与发展。

2. 外部保障条件

外部环境因素作为教师评价语应用效能的关键支撑，涵盖了教研培训深化与专业评价机制导向两大维度。教研与培训活动，作为教师职业生涯发展中不可或缺的一环，是教师校外充电、深化专业知识、精进专业技能的关键阵地。此类活动聚焦于评价语领域，旨在汇聚同行智慧，促进经验交流与技能互鉴，共同推动评价语应用艺术的精进。至于评价语相关评价机制，其核心价值在于激励教师持续自我提升，明确评价语运用的方向性指引。机制的存在，不仅激发了教师对评价语运用技巧优化的内在动力，还为其指明了提升路径，确保教师在专业成长的道路上能够有的放矢、稳步前行。由此，评价机制成为教师评价语应用能力持续提升的外部驱动力与方向标，共同编织起教师评价语高效运用的坚实保障网。

（八）小学语文课堂教学评价语判断有效性的依据

在小学语文领域，专家学者们已广泛探讨了课堂教学评价语之有效性的诸多面向，涵盖了评价标准的确立与教师应用策略的探索，积累了丰富的学术参考资源。概而言之，卓有成效的语文课堂评价语，不仅全面考量学生成长的三维框架，而且助力其综合素养的均衡发展，同时作为教师精进专业技能、深化专业素养的重要杠杆，亦能启迪学生思维，实现教育引导的精准对接。以下将从三个维度详细剖析这一有效性评价的基准。

1. 教学评价语的时效性

从课堂教学评价语的实效性上来看，实效性指的是课堂评价语实际产生的效果。小学语文教师的课堂教学评价语是否有效，需要从下面三点来判断。

（1）评价语是否符合学生的实际情况

在教育的广阔画卷中，每位学生均承载着独特的家庭烙印，其多样性源自各异的家庭背景，涵盖原生家庭的氛围、遗传因素的交织以及家庭结构的变迁，这些无一不在不同程度上塑造着学生的成长轨迹。尤其是对于小学生群体而言，其年龄层次跨越了从稚嫩到青涩的过渡，低年级学生尚处认知构建的初期，心智较为稚嫩；而高年级学生则可能正步入青春期的门槛，伴随而来的是情绪波动的加剧与叛逆倾向的萌芽。这些因素共同构成了小学语文教师在教学实践中不可忽视的复杂面向，要求教师具备敏锐的洞察力与细腻的情感关怀，以精准应对学生成长道路上的多元挑战。

（2）评价语是否满足学生的心理需求

教师在构建课堂评价语时，需深刻洞悉学生的心理预期，并以此作为基石，精准契合学生的心理需求，通过提供学生所期盼的评价类型，有效增强学习成效。具体而言，学生群体的期望呈现出多元化特征：有的学生渴求在勤勉付出上获得教师的认可与赞誉；有的学生则期望教师能对其智力优势表示肯定与赞赏；还有的学生重视答案的准确性，渴望在此方面收获正面反馈；此外，也不乏学生偏好教师减少直接表扬，转而聚焦于学习策略的引导与指正，以助其自主学习能力的提升。这样的评价方式不仅彰显了教师对学生个体差异的尊重，而且促进了教学活动的个性化与高效化。

（3）评价语是否适应时代发展的需要

教师教学评价语的革新需把握时代脉搏，将课堂评价活动深植于社会生活的沃土之中，以此激发学生对现实世界的敏锐洞察与深切关怀。在时代疾速前行的背景下，学生被赋予了加速成长、独立自主的使命，他们需迅速掌握生活与学习的精髓，锻造出高度的自律精神与强大的自我管理能力，并灵活驾驭新兴工具，深刻领悟新颖理念。这一系列要求不仅是时代对青年学子的殷切期望，也是教育领域赋予教师的神圣职责——培养学生适应未来社会的关键技能。因此，唯有教师紧跟时代步伐，以科学、精准的评价策略引领学生前行，方能显著提升课堂评价语的实效性，为培养时代新人奠定坚实基础。

2. 教学评价语的能效性

“能效性”这一概念，在物理学范畴内，构成了节能产品认证体系与能效标识制度的基石，其背后的能效标准则是节能标准体系不可或缺的支撑。若将这一视角转移至课堂教学评价语的维度，“能效性”则转化为教师高效运用评价语言的能力体现，具体表现为能够精确提炼评价内容之精髓，并灵活运用多样化的评价方法，以实现教学评价语的最大化

效能。此过程不仅考验着教师的专业素养，更是对其教学智慧与艺术的一种深刻诠释。

3. 教学评价语的长效性

从字面解读，“长效性”蕴含了深远而持久的效能意蕴。将之置于课堂教学评价语的语境下考量，“长效性”则转化为教师教学评价在整个教学过程中能够持续产生积极影响的能力体现。具体而言，在教学实践中，我们常观察到一种现象：语文教师即时的评价反馈虽能即时触动学生，然而时过境迁，学生的记忆却往往难以持久，遗忘之潮悄然侵袭。因此，评价语的长效性并非自然天成，它深刻依赖于教师的教学思维之深度与教学能力之广度。换言之，构建具备长效性的教学评价语，关键在于教师以深远的教学视野与精湛的教学技艺，为学生的成长之路铺设坚实的基石。

第三章　初中语文生成性教学有效性分析

第一节　生成性教学

一、生成性教学的内涵与传统教学的差异

（一）生成的含义

在古代汉语语境下，“生成”一词蕴含多重意蕴，可指事物的自然成长与演变，亦可诠释为养育过程，乃至泛指生物及物体的起源与发展。从哲学维度审视，《哲学大辞典》深刻剖析“生成”之内涵，将其界定为两重维度：其一，描述事物由无至有，或由一种本质状态跃迁至另一状态的动态历程；其二，则特指德国哲学家黑格尔所构建的逻辑体系中的核心范畴，体现了一种“有中寓无，无中生有，有无相生的流转变迁”（即易变之理）。

转向心理学视角，《教育心理学》对“生成”的阐释聚焦于学习者的认知构建过程。此过程中，学习者对既有知识体系进行主动整理与深加工，通过与外界情境的交互作用，催生出新的自我认知结构与学习行为。这一过程强调了原有认知框架在外界刺激下的重构与升华，体现了认知发展的动态性与创新性。

生成学习理论的核心观念在于，学习行为本质上是学习者在外界环境的影响下，通过吸纳新知，主动调整并重构既有的知识架构，促使新知与旧知深度融合，进而达成知识体系的全新平衡状态。维特罗克则进一步阐释，学习这一动态过程，实则是个体持续进行意义构建与再生的不懈追求。

（二）生成性教学的内涵

生成性教学策略强调教师在多变的教育实践中，灵活应对突发教学状况，迅速调整教学策略与行动路径。其核心要义可从两大维度深入探讨：一是动态性，意指课堂教学作为一场活生生的互动过程，展现出非既定、开放及非线性的特质，持续演化，难以预设；二是生成性，其复杂性体现在生成的形式、主体与内容三个层面。形式上，可分为预设导向的生成与即兴的非预设生成；主体上，则涵盖学生个体的生成、教师引导下的生成，以及师生间互动共生的生成；内容上，则广泛涉及教学目标、内容及方法的动态构建。鉴于

此，生成性教学呼吁教师秉持生成性思维，融入教学实践，与学生展开平等对话，敏锐捕捉学生在课堂上的认知反馈、兴趣趋向及理解深度，据此及时调整教学目标、内容及方法，实现教学的动态优化与个性化发展。

（三）生成性教学与传统教学的差异

与传统教学相比较，生成性教学有如下差异。

第一，从教学理念的视角审视，传统教学体系往往将教师置于课堂教学的核心地位，视其为单向知识传递的主体，扮演着知识权威的角色，而学生则被视为被动接受知识的容器。相比之下，生成性教学理念则聚焦于教学过程的动态性，而非单纯追求既定的教学成果。其核心在于促进学生全面发展的实现，强调学生在学习过程中的主体地位及其潜能的充分挖掘与培养。

第二，从教学设计维度出发，传统教学倾向于过度预设，将教学过程简化为对既定方案的机械执行。与此相反，生成性教学则主张教师在进行教学蓝图规划时，需深入考量学生的个性化特征，精心研读教材，并精心遴选适配的教学策略。在此基础上，教师还应在教学预案中预留足够的弹性空间与灵活时间，旨在营造有利于课堂动态生成与高效互动的学习环境，为教学的有机生长奠定坚实的基础。

第三，从教学的内容的角度看，传统教学的内容是相对固定的，而生成性教学的内容则灵活多变。

第四，从师生互动的层面探讨，传统教学观念倾向于将教师视为知识的绝对权威，学生则单纯作为知识的接收方，此种师生关系构筑于不平等的基础之上。相比之下，生成性教学则倡导一种更为平等的师生关系框架，其中教师与学生在课堂互动中享有平等的地位。在这一教学情境中，师生通过开放、平等的对话机制，携手应对并解决课堂中涌现的各类问题与挑战，共同促进教学进程的深化与教学效果的优化。

第五，从教学评估的维度审视，传统教学体系往往倾向于采纳单一的总结性评估手段，这种方式忽略了教学过程本身的价值评估，呈现出一定的片面性。反观生成性教学，其核心聚焦于学生的全面发展与成长轨迹，强调对教学过程持续、深入的关注与评估。为此，它采用了多元化、动态化的评估策略，这种策略不仅有助于激发学生的学习兴趣与动力，还能够全方位地促进学生综合素质的稳步提升。

二、生成性教学的基本特征

（一）教学内容的非确定性

教学素材作为师生交互的核心焦点，系课程规划所细化的知识体系、技能培养、思维导向及行为模式的集合体，经由学校内师生协同探索与构建，最终汇聚为学生全面学习体验的综合体现。[①] 在传统教育模式下，教师倾向于遵循既定教材框架进行教学活动，其核心使命在于将课本内容系统传递至学生。相比之下，生成性教学则着重师生间动态交互中知识意义的共创与生成，这一过程展现出高度的灵活性与不可预测性，体现了教学互动的深刻内涵与知识构建的即时性。

在生成性教学范式下，教师不必预先详尽规划所有教学内容，而是鼓励大量教学内容在教学过程中自然涌现。学生不再扮演知识被动接受者的角色，而是通过积极的认知建构活动，将新知整合进既有的知识体系中，持续扩充其个人经验版图。学习材料不再局限于静态框架，知识作为教学互动的直接产物，随着教学进程的推进而动态演化，是师生间交互作用下的主动构建成果。

（二）教学情境的开放性

生成性教学流程展现为高度动态与多变的特质，摒弃了单一或僵化的教学范式，其全程充满了复杂性与包容性的显著特征。正是生成性教学所固有的动态灵活与即时创造等属性，要求教学环境必须维持高度的开放性，以此作为基石，才能激发学生的主动参与热情，进而在课堂上有效促进师生间的深度互动与共同探索。

在生成性教学的框架内，学生与教师共同置身于一个持续演变的教学环境中，其间不断涌现出新的教育资源。这一开放性的教学环境构建了一个卓越的互动舞台，供师生平等对话。在此情境之中，师生关系趋向平等，学生被赋予自由空间以阐述个人见解，并勇于提出疑问，促进了思想的自由碰撞与交流。教师以积极的态度引导课堂内的多向互动，不仅促进学生间的交流对话，还亲身融入其中，通过与学生间的深入交互，细致倾听每位学生的声音，从而更加精准地把握学生的内在需求与心理状态。这种开放而包容的教学情境，能有效地触动学生内心深处的情感体验，激发其内在的学习驱动力，进一步促进生成性教学资源的持续涌现与丰富。

（三）教学过程的交互性

生成性教学理念摒弃了传统教学单一化的“知识传递—接收”模式，转而视教学为一场多因素交织、相互影响的动态进程。其核心特质在于动态生成性，这必然要求师生之间构建起密切的互动与沟通桥梁。若无此互动与交流的基石，教学过程的动态生成便无从谈起。就学生层面而言，这种互动不仅赋予其增强自信、深化同学间联结的契机，而且促使了他们在学习过程中主动站位，充分发挥主体作用。此外，互动还是深化知识理解、锻炼个人表达能力的有效途径，对促进学生全面发展具有不可忽视的作用。教学过程中积极的互动机制显著提升了学生的学习热情与自主性，为课堂注入了勃勃生机。就教师层面而

---

① 黄甫全，王本陆．现代教学论学程（修订版）［M］．北京：教育科学出版社，2003.

言，其主动参与不仅优化了教学流程的顺畅度，还促使教学目标得以清晰界定与有效实现。在此互动全链条中，教师扮演着至关重要的角色，他们的精心组织与悉心引导构成了教学顺利推进的坚实支撑，确保了教学活动的高效与有序展开。

教学实践若缺失互动环节，则对话难以成形，进而阻断了生成的可能性。在互动框架内，教师与学生相互分享个人经验与见解，交换情感共鸣与体验心得，从而实现了认知边界的拓宽与视野的延展。这一过程促使教学形态向多维交织的网状结构演进，为教学的动态生成机制奠定了坚实基础，切实推动了教学过程的灵活性与创新性发展。

（四）教学方法的创新性

在传统教育模式下，教师常处于话语主导地位，倾向于采用单一的讲授方式，导致教学过程趋于僵化，活力不足。然而，生成性教学方法的引入，从根本上颠覆了这一格局，展现了教学方法的多元化、灵活性与创新性。随着新课程改革的深入推进，教育领域内涌现出一系列新颖的教学策略，如小组协作学习、合作探究活动等，促使教师们积极尝试多样化教学手段，以丰富课堂生态，其核心目标在于激发学生的内在学习动机，使其由被动接受转为主动探索，真正实现乐在其中的学习状态。

三、生成性教学中教师的多重角色

生成性教学与传统教学相比，在教学目的、教学过程、教学方法、教学评价等方面都有了很大的变革，教师的角色也需要得到重新诠释，教师在生成性教学中承担多种角色。

（一）文本资源的挖掘者

信息技术的日新月异，促使教学内容挣脱了文本资源的单一束缚，迎来了信息资源多样化的繁荣景象，教学资源因此得以以多维度、多模态的形式展现于教学舞台。在生成性教学的实践场域中，生成资源犹如灵感火花，随时可能迸发，赋予教学过程以无限可能。而文本资源，作为教师教学导航的关键要素，其重要性不言而喻，是教学活动不可或缺的基石。在此情境下，教师角色需向文本资源的深度挖掘者转变，以敏锐的洞察力与创造力，探索文本背后的丰富内涵，引领教学进程向更深层次迈进。

鉴于学生个体间在知识理解上的差异性，每位学生都拥有独特的认知体验与情感共鸣，对问题的见解往往蕴含个人主观色彩，偶有偏离文本核心意旨之虞。因此，教师应适时介入，引导学生深入解读文本。此过程中，教师不仅扮演了文本阅读的组织者角色，更是学生理解过程中的得力助手。

文本解析乃授课质量之精髓，而在此基础上，深入挖掘文本资源更显其要。在文本资源挖掘的过程中，教师展现了高度的教学灵活性，摒弃了机械式“深耕教材”的传统路径，转而采用精妙构思，积极探索资源发掘的新视角，旨在为学生拓展更为广阔的自我解读天地，赋予学习过程以更高的自主性与探索性。

1. 教师对文本的解读能力

教师的文本诠释技艺，深刻映射出其对文本驾驭的深厚功底，乃是课堂引领力之核心所在。作为文本的首位探索者，教师需对教材、习题等文本素材展开透彻剖析，广泛汇聚教育素材的涓涓细流，深入挖掘文本背后的思想精髓。通过精心规划教学蓝图，教师不仅促进了知识的有效传递，更激发了课堂的互动活力，确保了教学过程的高效与深入。

在授课筹备之际，教师应依据特定教学内容，细致剖析文本，精准定位资源挖掘的起始点。以语文教学为例，教师应深入钻研教材精髓，洞悉课文深层寓意。这一过程需建立于教师广博学识之上，要求教师深谙作者创作背景、创作历程等关键要素。唯有全面把握课文背景资料，方能深刻领悟文中蕴含的思想精髓。解读文本，其意义不仅在于对文本本身的理解深化，更在于助力教师发掘珍贵教学资源，进而优化教学资源的配置与利用，最大化其教育价值。

2. 教师对文本的加工和创造能力

教师在挖掘文本资源的过程中，其核心角色超越了单纯的文本解读者，转而聚焦于对文本内容的精心加工与创造性重构，旨在赋予文本更加饱满的信息内涵与深远的教育价值。教师的教育工作，特别是生成性教学的实践，本质上是一场充满无限创意的探索之旅，其间不断涌现的新知识点与知识广度的扩展，为教师施展创造才能构筑了广阔的舞台。教师需秉持“以本为基，以纲为导”的原则，化身为文本资源的深度挖掘与创意转化者，通过深化文本理解与再创造，发掘出更多蕴藏教学深意与价值的资源宝藏。

教师设计的教学内容虽不拘泥于文本框架，但亦不可全然游离于文本之外。文本作为教学航程中的关键灯塔，承载着不可小觑的教学意义与价值。在倡导生成性教学的当下，教师应当积极转型为文本资源的深度勘探者，不仅要透彻领悟文本精髓，还需进行多轮次的精细化加工，以充分挖掘并彰显文本资源所蕴藏的内在宝藏与价值。

（二）生成性资源的重组者

在教学实践的织锦中，教师的身份远不止于知识的“展示者”、学习航程的“导航员”、对话交流的“启迪者”、课堂秩序的“守护者”以及学业成果的“评判家”。其核心作用更在于作为教学资源的“编织者”，巧妙地重组与融合各类教学要素，促进教学过程的深化与丰富。① 生成性教学核心理念聚焦于教学过程的动态建构，这一过程植根于师生间的积极互动。在互动的每一刻，新知识与信息元素不断涌现，要求教师适时转变角色，

① 叶澜．重建课堂教学过程观——“新基础教育”课堂教学改革的理论与实践探究之二［J］．教育研究，2002（10）：30.

成为生成性资源的整合策划者，灵活驾驭并优化这些即时生成的教学要素。

在教学实践中，常隐匿着若干表面平凡却内在价值丰厚的教学素材，其关键在于教师能否敏锐捕捉并适时利用这些资源。通过师生间的深入交流与互动，教师可巧妙地将此类资源转化为具有显著成效的生成性教学资源，从而丰富教学内涵，提高教学质量。

1. 教师对生成资源的捕捉能力

在生成性教学的框架下，教师需扮演生成资源敏锐捕捉与巧妙重组的角色。此类课堂环境，以其高度的动态性与灵活性著称，教学内容始终处于流动与演变之中。教学资源范畴广泛，除却传统的静态资料外，更涵盖了丰富的动态元素，这些元素源自学生间的互动、师生间的交流，以及学生与文本间深邃对话、深思熟虑的学习历程中所展现出的行为模式、言语表达与情感体验等多维度信息。

2. 教师对资源的筛选转化能力

教师在甄选与重构生成资源方面的能力至关重要，鉴于生成资源的纷繁复杂与多样性，对教师的资源鉴别力构成了严峻挑战。在有限的课堂时空中，教师需精准辨识，筛选出高教学价值的资源片段，并对这些宝贵信息进行高效整合。为此，教师应预先规划教学目标、策略及内容框架，深入开掘文本资源潜力，从而为生成性教学铺设更广阔的舞台，激发教学资源的动态涌现与高效利用。

（三）教学情境的缔造者

生成性教学模式以其独有的动态特质与开放属性，要求教师构建起开放性的教学场景，以促进师生间深度对话与知识创新的自然流淌。此模式下，师生间的多维度互动与知识建构的有机过程，均离不开一个开放包容的教学平台作为坚实基石。作为教学活动的设计者与引领者，教师肩负重任，需精心营造一种利于思维自由驰骋、个性得以彰显的教学氛围，以驱动课堂教学的活力生成。因此，教师应转型为教学情境的精心策划者，强调教学的情境浸润与开放接纳，确保在这样一个无拘无束的教学环境中，学生的思维之翼得以展开，个体差异获得充分尊重，进而促进师生间和谐互动与知识共享的无缝衔接。

在课堂教学的实施过程中，若学生缺乏直接相关的体验与参与，仅凭教师单方面精妙的阐述与导向，难以充分实现教学目标。因此，教师需扮演情境创设者的角色，精心构造学习场景，促使学生亲历其中，以促成更深层次的理解与体悟。唯其如此，方能显著提升教学成效，达到更为理想的教学境界。

在构建教学情境的过程中，教师扮演了关键的设计师角色，他们综合权衡教学素材、目标设定、方法论选取，并紧密结合学生的年龄心理特性及发展阶段，前瞻性地预见教学过程中潜在的挑战与期望的教学成效。为了推动课堂教学的生动演变，教师需勇于创新教学手段，营造一种民主且和谐的学习氛围，激发学生的自主探索精神与合作学习能力，巧妙融合多样教学策略，实现教学效果的动态跃升。此外，教师还应积极采纳现代教学技术手段，为开放性教学环境的塑造添砖加瓦，同时强调教学信息的多元化与丰富性，以拓宽学生视野，助其深化对所学知识的掌握与内化。

（四）课堂对话的参与者

生成性教学模式下的课堂，是师生携手共创的智慧场域，其核心在于依托平等的对话机制，促成思想的交汇与知识的流通。对话，这一行为超越了单纯的言语交换范畴，它更像是思维的火花在双方间相互点燃，引领着一场深层次的心灵共鸣与智识碰撞之旅。教师应当积极融入课堂对话，担任起引导学生间沟通与探讨的角色，深入倾听学生内心最为真挚的声音，以此促进教学的灵活演变与即时生成。在这一过程中，教师的身份超越了既定方案的执行者，转而成为与学生共话中新问题涌现的催化剂，共同编织着教学的动态图景。

1. 教师是“平等中的首席”

新课程理念虽然推崇“师生间地位的平等”，但这绝非旨在削弱教师在教学过程中的导向与组织功能，相反，“教师乃平等架构中的核心引领者”。在生成性教学的语境下，教师、学生及文本三者之间的互动交织，始终需要教师这一关键角色发挥引领作用，以确保学习过程的流畅与高效。

对话之际，教师应当深刻践行学生主体性的尊重，摒弃过往权威主导的思维定式，转而营造一种民主化的教学氛围，以此激励并吸引学生踊跃投身于课堂对话之中。师生间构建的民主平等关系，乃是教学动态生成不可或缺的基石；缺乏民主的教学土壤，思想的自由交流将无从谈起。故而，一个宽松和谐的教学环境尤为重要，它能有效激发学生的参与热情，促使他们在教学活动中发挥主动性，与教师携手共创一个充满生机与活力的课堂生态。

2. 教师对课堂对话的组织和引导

教师在课堂对话中扮演着积极参与者的角色，需精准定位对话的焦点，明确讨论的核心议题，并适时地催化问题的自然浮现，激励学生勇于阐述个人观点与独到见解，引导学生探索并揭示问题的答案路径。以《赤壁之战》的教学为例，教师可巧妙设问：“在赤壁之战的辉煌胜利中，你认为哪位人物贡献最为卓著？”此类问题设计开放，旨在有效激发学生的对话兴趣与探索欲。学生的回应势必丰富多彩，可能聚焦于黄盖的智勇、周瑜的谋略，乃至普通士兵的团结奋战，每种答案背后都蕴含着学生深思熟虑的论据。在此过程中，教师应敏锐捕捉引导契机，确保每位学生的声音都能被听见，特别是那些平时较为内敛的学生，更应得到教师的特别鼓励与支持，以促使课堂成为每位学生思想碰撞与交流的舞台。

教师在引领学生的同时，亦能从中收获丰富的教学智慧，与学生共赴知识探索之旅，

实现知识与经验的双向流通，达成教学相成的佳境。在生成性教学的框架内，教师应转变为课堂对话的积极介入者与导航者，敏锐捕捉时机，巧妙编排学生间的互动环节，借助启发性引导与巧妙诱导，激发学生投身课堂对话的热情。在这一过程中，师生间的深度对话与互动，如同催化剂，有效地促进了教学资源的动态生成与高效利用。

（五）教学智慧的实践者

在生成性教学的实践场域中，教师应定位于教学智慧的活跃践行者。面对教学实践中可能猝然涌现的新问题与新情境，教育工作者需展现出“临危不乱，即时决策”的能力，充分调动并运用其教学智慧，以确保教学活动免于陷入混乱与失调的境地，从而维护教学进程的顺畅与和谐。生成性教学过程中既存在有意义的生成，也存在无意义的生成，关键在于教师的引领和把握。

教师的教学智慧在教学的关键时期能发挥积极的作用，能帮助教师有效化解教学矛盾，提高教学效率。

1. 教师教学智慧的表现

在生成性教学框架内，教师的专业成长路径必然涉及向教学智慧实施者的角色转型。此教学模式下，不可预见的外部因素与突发事件频现，持续考验着教师的心理韧性与智慧应对能力。若教师应对策略失当，课堂秩序易陷入“混乱”之境。面对意外因素的侵扰，教师对于教学节奏的精准调控与核心教学目标的坚守显得尤为重要。在此情境下，教师需展现高超的教学智慧，迅速而有效地应对教学事件，将教学资源由“无序混沌”状态引导至“井然有序”的轨道上，确保教学活动得以顺利进行。①

2. 教师教学智慧的生成

“知不足而后学，遇困惑则深教。”教师的职业成长与精进，离不开对理论知识的持续深耕与拓展。教师应当秉持终身学习的理念，将学与教融为一体，相辅相成，共促成长。随着教师理论素养的日益丰厚，其不仅能够拓宽学生的知识视野，点燃学生的探索热情，还能为课堂注入勃勃生机，促进知识在师生间的动态交流与生成。此外，坚实而广博的理论根基，更是教师在教学实践中展现智慧光芒、驾驭课堂艺术的坚实基石。

（六）学生成长的引领者

生成性教学深切关怀学生的生命成长轨迹，促使教师角色实现从单一知识传授者向生命成长引路人的深刻转型。作为这一成长旅程的导航者，教师需全方位地关注学生的多维发展：不仅聚焦于知识技能的提升，而且应敏锐洞察学生的身心健康状况及情感价值观的动态，以便精准地引导学生自我发展、勇于超越，实现生命的全面升华。

---

① 刘玉听．生成性教学的实施策略［D］．长春：东北师范大学，2006.

1. 教师对学生的深度关注

在生成性教学的范式下，教师担当着学生成长道路上不可或缺的领航者角色，其职责在于对学生成长进行全方位、深层次的关怀与洞察，确保学生的综合素养得以均衡发展。这种关注并非仅仅停留于理念层面的倡导，而是应当切实融入教学实践的细微之处，通过教学的每一个环节与细节，精准把握学生的发展脉搏，促进学生的全面发展与成长。

2. 教师对学生成长的指引

在深入了解学生的前提下，教师需积极履行其引导与辅助的职责。教育之本质，不仅在于知识的传授，还在于育人，此乃教师肩负的核心使命。学生的成长轨迹涵盖了体质的强健与心灵的滋养两大维度，而精神层面的成长尤为教师所应重视。为此，教师应致力于引导学生塑造正面的价值观与人生观，培养其批判性思维与明智抉择的能力，使学生在面对纷繁世事时，能够明辨是非，作出恰当的选择。

生成性教学聚焦于学生教学过程中的亲历体验与深刻感悟，强调教师需激发学生主动参与的热情，促使其积极构建新知，将外部信息融入既有认知体系，从而持续丰富并优化个人的知识架构。在此过程中，教师扮演着成长引路人的关键角色，引导学生在教学之旅中不懈地自我完善与提升。生成性教学作为一种生命关怀的教育模式，凸显了师生共同成长的愿景，要求教师成为学生生命航程中的灯塔，助力学生完善自我，深刻体验并领悟生命的真谛。生命的价值在于不懈追求与持续超越，自我超越作为对生命本质的崇高致敬，应成为教师引导学生追求的方向，鼓励学生在个性发展的道路上不断前行，勇于突破自我界限。

第二节　初中语文生成性教学

一、初中语文生成性教学的理念

初中语文生成性教学相较于传统教学模式，其践行理念不仅是其优势所在，更是其独特属性的精练概括。该理念将学生置于核心地位，将促进学生全面发展作为终极目标，坚定不移地遵循“学生为本”“服务学生”“全面助力学生成长”的核心原则，并致力于这一愿景的实现与深化。

（一）关注表现性目标

强调对学生表现性成就的重视，是增强初中语文生成性教学实效性的必要条件。该概念的发端可追溯至美国学者艾斯纳的先见之明，他界定表现性成就为学生历经学习活动后所展现的个性化学习果实。这一目标焦点在于捕捉学生在活动中所激发的创新精神与首创

性思维过程，而非单纯追求学习成效的终结形态。其核心价值取向在于促进学生个性化与创造力的培养，旨在引领学生超越既有的文化框架，成为推动社会文化进步的积极力量。

表现性目标展现出的是激发性特质，而非纯粹的描述性风貌。此目标犹如向师生双方发出的邀请函，鼓励双方携手步入探索之旅，共同剖析或辩论那些引人深思且至关重要的议题。故而，表现性目标的精髓在于构建一个核心议题，围绕此议题，学生需调动所学技艺以深化对议题的理解，并拓宽技能应用的边界，这一过程中，学生的独特个性得以鲜明彰显。在初中语文生成性教学的语境下，应用表现性目标，我们期盼的不是学生反应的单一趋同，而是多元化与个性化的精彩纷呈。艾斯纳所倡导的表现性目标，实则是对人文精神的深切向往，对个体独特性的高度重视，并尤为注重课堂内外，教师与学生在教学活动中所展现出的自主精神与创造活力。

（二）关注具体的教学过程

初中语文生成性教学有效性的提高需要教师关注具体的教学过程，主要表现在以下三个方面。

1. 需聚焦于师生间交互作用的动态历程

我们应深刻理解，课堂教学的精髓在于师生间“对话”“互动”“协作”的交织，这一过程围绕教学材料展开，旨在通过师生、生生间的思想碰撞实现教学目标。构建高效的课堂互动，关键在于教师营造一种民主、融洽且开放的学习环境，确保学生在学习活动中占据核心位置，从而有效地激发其内在动力与参与热情。

2. 需聚焦于师生共同经历的活动流程

在此流程中，学生凭借既有的知识架构、技能储备及生活经验，借助文本媒介，与教师进行深度沟通与互动，渐进式地内化初中语文的知识与技能。同时，教师需着眼于塑造学生正面的情感态度、科学价值导向及多方面优良素质。作为教学活动的规划者与引领者，教师需在活动筹备阶段，详尽地审视活动方案并深入分析学生状况，以确保能够灵活调度活动各环节，并妥善应对突发情境，从而为活动的顺利进行奠定坚实基础。

3. 需聚焦于师生协同成长的历程

教育追求的至高境界是达成师生“共荣”，即同步发展。正如古语所云“授人以鱼不如授人以渔”，教学过程中，教师应致力于引领学生领悟并掌握语文学习之根本途径，培养优良学习习惯，使之擅长独立探索与团队协作学习，实现从表面模仿式“能学”向深层创造式“善学”的蜕变。教师需深刻贯彻“学生中心，学习导向，需求定制”的教学原则，并妥善平衡教材资源与教学实施之间的关系。教师的个人成长之道，离不开对教学实践的持续反思与深入研究，通过自我审视积累教学经验，创新教学手法，并根据学生发展需求灵活调整教学策略。因此，教师应勇于在教学实践中尝试，勤于钻研，不懈追求并优化具备个人风格与特色的教学艺术。

（三）关注突发的教学事件

确保初中语文生成性教学成效的关键，在于教师对突发教学情境的敏锐捕捉与智慧应对。在此教学模式下，学生的主体性得以彰显，思维得以自由驰骋，进而激发课堂生机与活力，使教学突发事件不再被视为偶然，而是常态化的教学动态。学生可能即兴吐露稚嫩却纯真的见解，或不经意间绽放出智慧火花，亦可能展现出看似无理实含深意的行为，这些均构成了教学中不可多得的生成性教学资源。然而，此类资源犹如昙花一现，若未能及时捕捉、有效留存或妥善利用，无论因疏忽、能力所限或方法不当而错失，均是对宝贵教学资源的极大浪费。

鉴于教学突发事件中潜藏着丰富的教育潜力，教师需展现高超的处理技巧。首先，教师应保持冷静头脑，迅速应变，巧妙地将学生的情感思维导向更高层次；其次，教师应依据事件的具体情境灵活施策，化被动为主动，顺势而为，将意外转化为推动教学的积极力量；最后，教师应强化与学生的协作，保持常态化的沟通，并在课后及时自省，全面回顾，以累积应对教学突发事件的智慧与经验。值得注意的是，针对课堂中可能出现的各类意外情况，教师的应对能力既非与生俱来，亦非教龄自然累积之果。

（四）关注互动性的教学方法

互动性教学模式的广泛推行，不仅是顺应教育变革潮流的体现，也是提升初中语文生成性教学效能的核心驱动力。在当代社会语境下，“互动”一词频繁跃动于各领域之中，它深刻地反映了人类社会本质上的交流互动特性。教学活动，作为社会生活的重要组成，本质上亦是一场互动盛宴。遗憾的是，长期受应试教育桎梏与效率至上观念的渗透，本应充满活力的互动教学过程被异化为教师的单向传授，学生则成为被动接受的角色，被视作知识灌输的静态载体，课堂演变为教师单方面的舞台，而学生则深陷于此“知识牢笼”，互动之光难觅其踪。

初中语文生成性教学的核心要素在于教学的交互性质，其精髓在于将对话精神深度融合于课堂教学的每一个环节。师生间及学生间的对话构成了教学方法的关键维度，且此对话机制实为实施互动性教学的基石。值得注意的是，此处的“对话”概念，超越了简单对话或言语交换的范畴，它建立在平等、融洽的交互关系之上，是师生及学生之间秉持开放学术心态与谦逊求知态度，进行思想碰撞、知识探索与视野拓展的深层次交流过程。

互动，同样是初中语文生成性教学中不可或缺的展现形态。在此类教学模式下，广泛存在多元主体的交互作用，正是这些丰富的互动赋予了教学以开放性和流变性，确保了创新性信息与教学资源的持续涌现。在实践中，对话、探讨与探究构成了初中语文生成性教

学最为典型且高效的互动策略，它们共同作用于教学过程，极大地促进了教学的有效性与效率提高。互动构建起师生间的一种革新性联结，使得师生关系由传统的“主客对立”（我与他）转变为“主体间性”（我与你）的共在模式，同时，学生与文本、教师与文本之间的互动维度亦经历了类似转变，由外在的“分离认知”（我与他）进化为内在的“交融对话”（我与你），此转变深刻契合了马丁·布伯的哲学洞见，即“本源词汇‘我与你’构筑了关系的宇宙”。①

（五）关注教学过程的附加价值

确保初中语文生成性教学成效的关键一环，在于重视并挖掘教学流程中的附加增值潜力。此附加价值，即指教学过程中偶发的情境通过适切转化与有效管理，所能赋予学生的成长裨益。相较于传统课堂对突发事件的排斥或漠视态度，生成性教学理念视之为教学中的常态，并强调对此类事件的积极价值进行发掘与应用，作为推动教学深化与学生发展的必然途径。

二、初中语文生成性教学的目标

生成性教学法，作为一种先进的教学模式，是推动新课程变革的重要驱动力。在初中语文教育领域，教师应灵活运用此教学法，将新课程的核心理念融入个人教学实践之中。秉持“促进学生全面发展”的核心理念，生成性教学应紧密围绕新课程的三维目标体系展开，不仅作为其出发点，更是教学设计与实施的核心导向。有效的生成性教学实践，必须深入关注并切实达成新课程所倡导的三维目标，即知识与技能、过程与方法、情感态度与价值观的全面发展。

（一）知识与技能

初中语文教学的目标是促进每个学生的全面发展。因此，生成性教学应重视对学生的“知识与技能”的培养。

教学设计之初，教师应全面审视班级学生的个性化特征与现状，充分考量学生间的差异性，进而在教育教学实践中精准施策，实施定制化的生成性教学策略，确保“知识与技能”的传授能在动态生成的课堂中得以实现。在构建生成性教学环境的课堂上，教师应灵活运用多样化的教学方法与策略，营造师生间平等互动的对话氛围。在教学实践中，教师应具备敏锐的洞察力，善于捕捉课堂即兴生成的偶发情境与问题，并凭借教学智慧将这些不期而遇的素材转化为宝贵的教学资源，高效传递“知识与技能”，从而确保新课程“知识与技能”目标在生成性教学的沃土中得以深根固柢。

---

① 马丁·布伯．我与你［M］．陈维刚．译．北京：生活·读书·新知三联书店，2002.

（二）过程与方法

生成性教学不仅关注教学的结果，更关注教学过程与方法。

首先，教师需摒弃旧有教育观念中仅聚焦于教学终点的倾向，转而关注每位学生在学习旅途中的每一步，细致剖析每位学生的特质，践行因材施教，激发学生内在潜能。

其次，在推进生成性教学的过程中，教师应勇于革新教学方法与策略，采用激发课堂生命力的教学手段，致力于培养学生习得高效的学习路径，引导学生摆脱“机械记忆，浅尝辄止”的旧习，转而深耕细作，重视学习过程本身的价值。此举乃是促成课堂教学高效生成的关键。

最后，在开放包容的生成性教学环境中，教师应自我定位为学习旅程的引路人与促进者，与学生并肩前行，在平等交流的师生互动中，共同探索、协同解决教学过程中涌现的生成性问题，营造一个充满活力与探索精神的学习共同体。

（三）情感态度与价值观

初中语文教育旨在塑造学生积极的情感态度与正确的价值观体系。因此，在设计教学方案及设定教学目标时，初中语文教师应将“情感态度与价值观”作为不可或缺的考量维度。教育之本，在于培育全面发展的人才，故而在实施生成性教学时，语文教师应充分利用学科特色，依托教材文本，启迪学生挖掘其中蕴含的崇高精神与优良传统。在此过程中，引导学生跨越时空界限，细品古今中外的文学瑰宝，不仅发现人性之美，更深刻体会其中蕴含的人文精髓，汲取文化之精髓。初中学生，在语文教师精心引领下，徜徉于经典文学作品的海洋，汲取智慧，滋养心灵。

三、初中语文生成性教学的意义

语文生成性课堂，作为教学领域的一股新兴力量，正处于不断探索与成长之中，其科学且系统的规划应与其他教学模式并驾齐驱。然而，现实情境中，该教学模式尚处于探索的初级阶段，缺乏明确的方向与秩序，这无疑制约了语文课堂效率的有效提高。鉴于此，构建一套既合理又具可行性的初中语文生成性教学策略，已成为当前亟待攻克的课题，对于提高教学质量具有重要意义。

（一）顺应了新课程改革的需求

语文新课程改革显著提升了对学生审美能力、应用能力及探究能力培养的重视程度，将其置于关键位置。同时，改革强调尊重学生的学习主体地位，积极鼓励并致力于发展其合作能力与自主学习能力。为实现语文素养的全面提升，亟须构建充满生机与活力的创新教学机制，其中，动态性生成资源的有效利用被视为整体框架中的核心要素。在教学过程中，尽管课程资源广泛存在，却常被忽视，未获足够关注，致使其易成为被遗忘的角落。

传统教学模式倾向于封闭，部分教师在课程资源整合方面的能力有待提升，导致诸多与教学紧密相关的资源，如价值取向、内在需求、个人经验、情感倾向、疑惑挑战及实践经验等，未能充分发挥其应有的效用与价值。语文新课堂的构建契合了新课程改革的核心理念，它首先强调的是对学生实践技能、创新思维以及信息搜集与处理能力的深度培育，着重凸显学生的团队协作精神、自我导向学习能力及探究探索能力，全面促进学生综合素养的提升。为实现这一动态生成的初中语文教学环境，教师需积极从专业素养与技能技艺两个维度进行自我提升，唯其如此，方能助力动态生成性语文课堂的有效落地，营造出一个充满活力、生机勃勃的课堂生态。

（二）注重学生成长

初中语文教学的课堂实践，聚焦于学生个体成长过程中生命全貌的滋养与成全。在初中阶段，学生的独立性意识显著增强，对个性发展的关切尤为深切，他们倾向于以更为成熟的视角进行自我评价，自尊心亦随之强化。若能在这一关键时期，敏锐捕捉教育契机，巧妙融入生成性教学策略，适时开展教学活动，则能显著提升教育效果，实现事半功倍的佳境。实际上，生成性课堂教学的实施，不仅精准对接了学生作为学习主体的内在诉求，而且在无形中促进了学生自我认知的深化与自我潜能的释放。

（三）促进教师的专业发展

对于教师而言，构建动态生成性的语文课堂无疑是一项艰巨的挑战，这要求教师在专业素养与教学机制上不断精进与自我超越。唯有教师掌握了一定的教学智慧，方能敏锐捕捉并精准驾驭课堂上的动态生成性资源，进而高效激发并充分利用这些宝贵资源。在应对多变的教学情境时，教师需具备灵活应变的能力，适时且适宜地调整教学策略，以确保教学活动的顺利进行。此外，教师还需铺设坚实的专业知识基石，这是提升其综合素养与专业能力的前提，也是其履行教育者神圣使命的坚实保障。

在新课程改革标准中，课程资源的有效运用与深度开发被赋予了前所未有的重要性，这要求语文教师务必给予高度重视。语文教师应当不遗余力地挖掘自身潜能，强化语文必修与选修课程的构建，不仅要进行知识的单纯传授，还要致力于促进学生思维能力的飞跃。选修课程的重视为语文教师开辟了促进学生心智成长的崭新路径，通过充分挖掘这些语文资源的潜力，为激发学生的创新思维与创造力铺设基石。在此过程中，语文教师需主动适应角色转换，从单纯的知识传授者转变为学生学习道路上的催化剂与引路人，并致力于实现从实践者到研究者的华丽蜕变。就课程资源的利用与开发而言，教师既要完成个人角色的深刻调整，也需积极探索教学方式的变革，以提升自我能动性为核心，驱动教学质量的全面提升。在课程体系的构建与优化中，需明确教师的核心主导地位，深刻认识到教师本身即为语文课堂不可或缺的宝贵资源，亦是促成动态生成课堂环境的基石之一。语文教师在课程资源开发、甄别、累积及整合方面扮演着举足轻重的角色，其专业素养的提升，包括知识结构的持续优化、教学方法的创新改进、个人品质的完善以及语言表达能力的精进，均是实现上述目标的关键路径。通过这一系列努力，不但能够高效推动课程资源的深度开发与高效利用，而且能在无形中促进教师专业素养的全面发展与升华。

（四）促进学生语文核心素养的提升

面对新课程改革的浪潮，构建高效课堂的愿景成为教师群体的共识。在此背景下，教师致力于在核心素养的框架下，同步强化学生的语言敏感度、阐述技巧与思辨能力，同时，更加注重学生的语言表达艺术、知识探索过程以及人文素养的涵养，旨在引领学生全面成长，迈向更加广阔的发展道路。

在教师精心的科学引领下，学生系统地掌握了语文的基础知识，并实现了自我完善与成长。这一过程融合了听、说、读、写的综合训练，旨在全方位锻炼学生的思维能力、创新潜能与实践应用能力。经由教师细致入微的评价与反馈机制，学生能够获得对自身能力的全面审视，进而依据反馈调整学习规划，精准补齐知识短板，逐渐培养出良好的学习习惯，最终成长为兼具深厚文化素养与高尚品德情操的优秀人才。

（五）落实教师教育育人职能

在初中语文教学领域，教师肩负知识传授之重任，旨在课堂内外促使学生扎实掌握语言知识与技能，进而成长为具备文化素养之个体。在素质教育的宏观框架下，教师更应凸显语文学科的人文底蕴，利用语言学习的契机，引领学生塑造健全的世界观、人生观与价值观体系，培养其持有正面进取的学习姿态，树立崇高的人生目标，培养感恩之心，鼓励学生在社会大舞台中探寻并实现个人价值。此外，教师还需巧妙融入中华优秀传统文化的精髓与传统美德的光辉，以此滋养学生的心田，促使他们成长为知书达理之士。这一过程不仅践行了教师教书育人的神圣使命，而且深刻地促进了学生语文核心素养的全面提升。

四、初中语文生成性资源开发与利用的价值

开发与利用初中语文生成性资源具有深刻的意义，主要体现在以下四个方面。

（一）丰富初中语文课堂教学

在传统的初中语文课堂中，教学活动常循既定的教案脉络铺展，对于不期而遇的课堂变数，往往被冠以消极影响之名，视为扰乱教学秩序的因素。然而，从动态生成的视角审视这一教学场景，敏锐捕捉并转化这些意外因素，使之成为课堂创新的源泉，为教学流程注入鲜活动力。此举不仅能使课堂焕发新生，还能深化师生间的互动默契，营造一种生动活泼的课堂氛围。在语文课堂的实践过程中，探索与利用生成性资源显得尤为重要。在这一过程中，通过师生互动的深化，教师可以精准捕捉师生共研共学的契机，激发学生主动

参与的热情，引导学生自发地探索思考，点燃其求知之火。这样的教学方式，能够显著提升学生的学习热情，让学生在学习的过程中收获更多的快乐与满足，从而让语文课堂成为学生真正的乐土。

（二）促进教师专业化的发展

在初中语文教学领域，深入挖掘与高效运用生成性资源，对语文教师的专业成长路径提出了更为严苛的标准，要求教师在专业技艺、学识储备、教学技巧以及个人魅力等层面实现更为卓越的成就。强化教师在此方面的能力构建，对其精准掌舵课堂节奏、提升临场指挥与即兴应变能力具有显著裨益。鉴于当前计算机技术与互联网的迅猛进步，学生的学习生态已发生深刻变革，不再单一依赖于教师的直接传授，而是依托多样化的渠道自主汲取知识。因此，教师的角色需适时转型，成为学生学习旅程中的引路人、推动者与架构师。

（三）挖掘学生的潜在能力

传统预设式教学模式聚焦于学生知识技能的单一增进，却忽视了其情感培育、态度塑造及价值观构建等维度的成长需求，进而造成了学生全面发展的失衡状态。而初中语文课堂中生成性资源的开发与应用，则为这一教学领域注入了勃勃生机，鼓励学生更为主动地融入课堂互动，激发其学习热情，体验师生共进的喜悦，让学习过程成为一场享受，进而促进学生的多维度成长。生成性资源的发掘与利用，根植于师生间深度交流与对话的土壤之中，这一过程不仅加深了教师对学生内心世界的理解，还促使教师挖掘并释放学生的潜在能力，为学生的个性化成长开辟了更加宽广的道路，赋予了学生多元化的发展机遇。

教师在课堂中积极发掘与运用生成性资源，实现了教学焦点的学生中心化，使学生获得更为充分的关注。通过设身处地地考量学生的学习偏好与需求，显著提升了学生的学习动力与自主性，为培养学生的批判性思维与丰富想象力铺设了坚实基石，进一步拓宽了学生的思维疆域。鉴于课堂生成性资源根植于师生及生生间的深度互动，其开发与利用还无形中促进了学生协作能力的增强，为学生人际交往技能的发展提供了肥沃土壤，最终促使学生实现全面发展，人格特质得以完善与优化。

（四）深化新课程改革的实施

探索与运用初中语文生成性资源，实为推进新课程改革深入实施的强劲动力。该改革的核心宗旨在于凸显学生的主体性地位，旨在全方位促进学生的成长与发展，而初中语文生成性资源的挖掘与应用，正是这一教育理念的具体实践与体现。此举不仅促进了语文课堂向动态开放模式的转变，还深化了语文学科人文性与工具性双重特性的融合发挥。遵循新课程改革的导向，采纳生成性教学策略，能够极大地激发学生的学习兴趣，为学生创造更多与教师深度交流的平台，为整个教学过程注入鲜活的生命力，使得课堂教学更加生动且富有成效。

深化初中语文新课程改革标准，关键在于有效开发与整合生成性资源。此举旨在革新传统教学模式，转向更加聚焦于学生综合素养提升的教学策略。它不仅着眼于知识技能的传授，还致力于学生思维模式的塑造与情感态度的培育，双管齐下，共同推动学生的全方位成长。

五、初中生成性资源利用的主要影响因素

（一）教师教学理念建构——内化生成性课程资源利用的思维

1. 重视知识的不确定性，孕育生成性课程资源

知识的本质蕴含了确定与不确定的双重维度，而后现代知识观尤为凸显其不确定性，并强调个体经验对知识构建过程的深刻影响。在知识传递的链条中，那些深植于个体意识之中的经验，往往会遭遇主体既有知识框架的重新诠释与构建，这一过程不可避免地打上了主观色彩的烙印。特别是当经验被筛选并融入教材体系时，知识的主观性特征变得尤为鲜明。因此，在教学实践中，教学知识的主观性促使教师与学生超越对教材权威的单一依赖，转而更加注重个体经验在知识理解与创造中的积极作用。

知识的传播历程无可避免地交织着个体经验、兴趣倾向、态度立场及情感价值观念的深刻烙印，这些主观因素内在地蕴含于个体的情感世界之中，并通过个体的主动参与行为得以外显。在知识传授与接纳的双向互动中，教师与学生均会对所遴选的教学内容进行一定层面的再构建，此过程即构成了教学知识生成的实质内涵。换言之，教学知识内在的不确定性特质催生了生成性课程资源，这一现象在学案的编制与设计阶段应当受到高度重视与有效运用，以充分挖掘其潜在的教育价值。

2. 关注学案设计的灵活表征，捕捉生成性课程资源

教学预设，其本质是对尚未展露的教学情境的预先构想，一种基于教学流程的逻辑推演，此过程虽蕴含理想化色彩，却难以全面预见教学实践中纷繁复杂的问题，因而与实际教学场景间存有一定偏差，难以精准预判每位学生在教学活动中的具体行为及其对教学反馈的独特性。学案的灵活性恰是其核心特征之一，它要求教师具备敏锐的洞察力，主动“预想”课堂内外潜在的“生成性”元素，并依据课程实施的具体进展，灵活调整并优化教学目标、策略及流程，这一过程本质上即为一种动态的生成机制。此种灵活性的学案设计，为教学方案的弹性构建提供了有力支撑，尤其是问题导向的设计模式，更是彰显了高度的灵活性与创新性，为教学过程的丰富多样与高效推进奠定了坚实基础。

3. 尊重教学主体间的差异性，充分利用生成性课程资源

教学活动中的主体，即教师与学生的联合体，共同构成了教育互动的基石。在实际教

学过程中，两者均依据自身已有的知识体系，对传输或接纳的信息进行个性化的差异构建。这种差异源自教学主体间思维方式、个性特质、价值观念及知识储备等方面的多元性，促使每位个体在知识内化的过程中融入独特的个人见解，即便是对同一课文内容的阐释，亦能展现出丰富多彩的个性化理解。

4. 综合多种教学方法，有效生成课程资源

教学方法的多样性赋予了教育实践无限可能，不同教学内容自然适配各异的教学策略，即便面对同一教学内容，教师的个体差异与学生群体的独特性也会促使教学方法的多样化选择。在具体课程执行过程中，教师应基于教学目标、内容特性、学生状况及实际教学环境等多元因素，灵活遴选并巧妙融合多种教学方法。此种多元化的方法选择，不仅促使教师以更宽广的视角审视教学过程，拓宽了教学视野的边界，还深化了师生对课程实施内涵的共同理解，推动课程向生成性方向有效推进。因此，在遵循教学方案指导的同时，教师应灵活应变，运用多样化的教学手段，以期实现教学效果的最优化。

（二）教师教学能力的建构——外化生成性课程资源利用的能力

1. 学情预设能力

在语文课堂教学中，追求不期而遇的精彩生成固然重要，但基于精心预设的生成同样不可或缺。缺乏高质量的预设作为基石，精彩的生成便如同无源之水，难以涌现。因此，教师需具备对学情的精准预设能力，这具体体现在三个方面：首先，教师需能精确预判学生的知识储备量、认知层次，以及他们基于这些基础对文本可能达到的解读深度与潜在疑问。其次，教师应能洞察学生对课堂内容的情感倾向与态度，比如判断学生对即将学习的内容是否抱有兴趣，以及他们可能在哪些情感节点上产生共鸣。最后，教师需预见在课堂推进过程中学生可能遭遇的情境或提出的疑问，从而做到胸有成竹、灵活应对。

2. 开放性问题的把控能力

在语文课堂教学实践中，有效生成的激发不仅依赖于科学的预设，还常源自教师学案中巧妙嵌入的开放性议题。此类议题旨在触动学生的认知边界，点燃其探索的热情，促发思维碰撞的火花。为此，教师在设计学案时，需着力培养自身提出开放性问题的能力，核心聚焦于两大方面：首要的是确保“提问策略”的开放性，规避诸如“是否式”的封闭性提问，这类问题往往过于直白，易对学生思维构成不必要的束缚。以《项链》一课为例，若学案中设问为“玛蒂尔德是可怜还是可恶？应否同情？”此类问题实则限定了学生的思考路径，抑制了多元视角的展开，难以激发课堂的即时性生成。相反，若改为“设想玛蒂尔德得知真相后的反应，并尝试为故事续写一个结局”，则能鼓励学生跳出框架，自由畅想，从而促进更为丰富和深刻的课堂生成。

3. 识别和评价生成性资源的能力

在教学过程中，遭遇学生抛出的预设范畴之外的信息时，教师倾向于采取“正误”二分式的简单评判，乃至忽略不计，此类现象实则暴露了评价的不当。根源在于，教师对课堂即兴生成的信息缺乏有效的甄别能力，进而导致动态生成环节评价的空缺，课堂因此而丧失了潜在的发展契机，妨碍了更为精彩教学内容的涌现。故而，面对课堂生成的资讯，教师应敏锐甄别其是否与教学宗旨紧密相连、是否围绕文本核心展开、是否符合语文学科的特性；进一步判断生成的问题能否激发学生思维活力；即时评估哪些因素能促进课堂讲授与文本深究的双重推进，哪些则可能构成障碍。这一识别过程的核心目的在于，针对学生课堂上的即时生成给予迅速且明确的反馈。此等评价策略，可细化为两类：即时反馈与延时审议，各有其适用情境与教育价值。

4. 即时调控应变能力

在语文课堂的动态构建过程中，教师应敏锐捕捉课堂上实时涌现的新内容，据此对既定的教学目标、流程设计以及评价体系进行适时的调整与优化，包括但不限于内容的增减或形式的转换，此举要求教师具备高度的即时调控与应变能力。针对生成的信息，教师应具备清晰的甄别力，以判定信息的有效性，进而对有效的生成信息采取顺势引导的策略，引导学生思维向纵深发展，激发课堂生成的活力与精彩；面对无效的生成，则需灵活调控，力求在不挫伤学生学习积极性与创造性思维的前提下，有效地管理课堂节奏。

5. 教材多元化解读的能力

在教材文本的阅读鉴赏之旅中，学生必然会伴随个人思考、疑问的萌发，进而在此基础上展开独特的联想、拓展与创造。即便是同一篇目，因时代变迁与个体经历之异，所领悟的意蕴亦千差万别，恰如古语所云：“各抒己见，见仁见智。”新课程标准强调，阅读教学乃教师、学生及文本三者间深度对话的桥梁，是各自期待与文本碰撞交融的过程。在此三角关系中，教师角色举足轻重，然而在现实教学中，部分教师存在若干偏颇：或浅尝辄止，对文本解读既失深度又缺焦点；或过度依赖教辅资料，将他人之见直接移植课堂；或本末倒置，沉溺于资料搜集的浩瀚海洋，对文本进行无度扩张，忽视其本质；更有甚者，一味追求教学形式的创新，备课重心偏移至探索新颖教法，而置文本内容于不顾。在文本解读的实践中，教师的积极能动性是至关重要的，它是创造性解读的源泉。一方面，教师应珍视学生的初始感悟，构建一个鼓励学生多元视角解读文本的舞台。学案中的引导需适度，旨在激发学生的思考而非取而代之。另一方面，精准捕捉文本的突破点，是高效实现多元解读的关键。每篇作品虽富含多重视角与潜在教学重点，但教学过程中应避免面面俱到，而应聚焦于文本的核心切入点，以此为导向，深入而有效地展开文本解读。

第三节　初中语文生成性教学有效性的判断标准与成效

一、初中语文生成性教学有效性判断标准

生成性教学策略，作为一种新兴且高效的教学模式，在初中语文教坛上尤为注重彰显学生的主体性，确保他们在教学活动的中心地位得到实现，同时推动教师角色向多元化转型，使之不仅是知识的传授者，更是学生学习的同伴、引领者与探索者。这一教学模式犹如一股潜流，悄然引领着“教育教学领域的深刻变革”，显著推动了传统课堂结构的重塑与教学理念的革新。

评判语文教学成效的基准，即衡量教学内容实效性的方法论，其核心聚焦于语文学科核心素养的全方位考量。语文学科核心素养，这一融合了语言构建与运用、思维深化与拓展、审美鉴赏与创新能力，以及文化继承与理解能力的综合性素养体系，构成了评估教学有效性的核心框架。在初中语文生成性教学的动态演变中，不论教学形态如何更迭，学生知识获取的实效性最终都将回归这一核心素养体系的培育成效之上。值得注意的是，语文学科核心素养的四大维度紧密相连、相互渗透，构成一个不可分割的有机整体，任何试图将其简单割裂的做法都是不可取的。

（一）预设的弹性导向

作为生成性教学模式的关键特征，弹性预设彰显了教师在教学规划上的创新与灵活性，它超越了传统教材的局限，巧妙地在教学蓝图中融入“空白艺术”，以确保在恪守语文学科核心素养原则的同时，为课堂内不期而遇的灵动瞬间预留充足的时间与空间。在初中语文的教学构图中，核心在于勾勒教学流程的基本轮廓，而非刻画详尽无遗的“导航图”，这样的设计策略赋予了师生更为广阔的自主探索领地。有效驾驭这份“自由”——实现教学设计的弹性化处理，是确保初中语文教学生成性效果至关重要的一环，它促进了教学过程的灵活应变与深度发展。在弹性预设所赋予的“自主空间”内，教师应坚决稳固其在语文教学航程中的领航角色，侧重于文化的继承与深层领悟，确保学生思维航向紧密贴合语文学科的核心目标。

（二）即时性事件处理

生成性教学范式与经典教学模式的显著分野，核心在于其应对课堂偶发事件的方式上，它独具匠心地将这些即时涌现的情境转化为驱动课堂动态发展的宝贵资源。无可争议，语文教学领域内，即时事件的比重正日益凸显，它们常常游离于预设教学框架之外，包括但不限于学生即兴提出的非预设问题、教师灵感突现的教学新思路，以及课堂环境中偶然闯入的人事物等。这些不可预测的要素，无论其影响力大小，均在一定程度上左右着教学流程的演进。因此，对“意外”因素的妥善处理，构成了教学生成机制的关键所在，但值得注意的是，并非所有“意外”均能自然而然地转化为有效的教学生成，其成效尚需通过精心引导与巧妙利用方可达成。

在初中语文教学阶段，评估生成性教学策略的有效性，首先考量的是教师能否敏锐捕捉课堂契机，展现出卓越的教学灵活性，从而有效牵引学生融入学习进程之中。进而，需审视教师是否具备将突发的问题与事件转化为富有教育价值、促进学习的生成性资源的能力。最终，判定这些生成性资源是否紧密契合语文学科核心素养的要求，能否切实助力学生达成语言能力的构建与灵活应用，以此作为衡量生成性教学成效的关键指标。

（三）学生知识的获得

衡量语文教学成效的直观标尺，在于学生知识汲取的实际状况，故而评估初中语文生成性教学的有效性，核心在于审视学生对教师引导生成的知识点的内化程度。在此教学模式下，学生知识的获取超越了单一文本的学习范畴，延展至更广阔的知识边界。然而，值得注意的是，教学中动态生成的知识点的数量增加，并不直接等同于学生知识收获的正比增长。初中阶段作为学生思维发展与提升的关键时期，学生在学习过程中面临着一个重要界限——其自身认知能力的阈值，这一界限限定了其吸收新知的容量与效率。当教学知识生成的量超出学生的承受阈限时，会导致学生在语文学习上的疲态显现，学习动力减退，进而难以有效吸纳所生成的知识，这不仅阻碍了学生思维能力的发展与提升，还可能引发学习负担，促使无效学习现象的产生。因此，在初中语文生成性教学效果的评判体系中，学生知识获取的成效占据着举足轻重的地位，其衡量标准之一便是通过成绩评价体系来客观检测学生对知识的掌握深度与广度。

二、初中语文生成性教学有效性的成效

在教学实践中，初中语文课堂的生成性教学策略执行方面展现出明显差异，部分教师能娴熟地运用并促进课堂生成，而另一些教师则可能因种种原因对课堂中的即时生成事件采取忽视态度或感到力不从心。绝大多数教师对生成性教学持有一定程度的认知，尽管其理解程度深浅不一。

（一）多数教师在意识上已经接受了生成性教学

众多初中语文教育者对生成性教学模式持有接纳态度，并展现出强烈的实践意愿，普遍认同其能够释放学生的思维束缚，助力学生个性的全面成长。值得注意的是，部分青年教师虽怀抱热情，却担忧自身在驾驭课堂动态变化方面的局限性，鉴于初中生特有的活跃特质，经验尚浅的教师可能面临“过度放任，难以驾驭”的困境，导致生成过程未能达成

预期效果，甚或陷入低效乃至无效的境地。

（二）多数教师的课堂上或多或少会体现“生成”

在教学实践中，多数教师倾向于将生成性教学与预设性教学有机融合，鲜有纯粹依赖预设而完全忽视生成的案例。至于两者在课堂中的权重分配，则显著呈现出个体差异性。值得注意的是，那些在课堂上赋予生成较高比重的教师，往往是经验丰富的中年教师或充满活力的青年才俊。尽管年轻教师在应对生成事件与资源的策略上，可能受限于其相对有限的教学经验，显得不够圆熟，但也无疑值得肯定与赞扬。我们满怀期待地鼓励这些年轻教师继续在生成性教学的道路上勇攀高峰，期待他们在初中语文教育领域取得更加辉煌的成就。

（三）部分优秀教师能够做到巧妙生成教学资源

初中语文课堂的生成性教学构建，依赖于师生双方的积极参与与默契配合。大多数班级氛围活跃，充分展现了初中生特有的生机与活力，他们在面对教师提问与互动时展现出的积极性尤为可贵，此现象应被广泛倡导。然而，在如此自由而热烈的教学环境中，难免会有教师预设框架外的“纯真无忌”之言或突发事件悄然发生。此刻，教师的机智应对与灵活调整能力便成为关键考验。部分卓越教师能够游刃有余地处理此类情境，既维护了课堂秩序，又巧妙地将意外转化为宝贵的教学资源，引发学生热烈反响，显著提高了教学的实效性。相较之下，也有教师选择较为强硬的手段，试图迅速将学生注意力拉回既定教学内容，以防课堂失控，这反映出在生成性教学资源的有效利用上，教师群体仍有广阔的反思与探索空间。

第四章　高中语文线上教学有效性分析

第一节　线上教学

一、线上教学模式

线上教学，作为一种依托互联网与移动设备等媒介实施的教学模式，其本质在于将传统课堂内容迁移至网络空间，促使教育活动的全面在线化转型。简而言之，它实现了教学资源的网络化迁移，赋予了学生前所未有的学习自由度。在这一框架下，学生作为独立的学习主体，能够依据个人日程与条件，在任何拥有适宜硬件与网络环境的地点，灵活安排学习时段，并自主调控学习节奏与进度。线上教学具体展现为两大主流形态：其一为录播课程模式，该模式通过预先录制的教学视频供学生随时观看，赋予学习以高度的灵活性与可重复性；其二则是借助多元化软件平台（诸如钉钉等）进行的实时在线直播互动教学，此方式强调师生间的即时沟通与协作，促进了教学过程的动态化与交互性。

录播式教学的广泛普及，其根源可追溯至网络大规模开放在线课程（MOOC）的兴起。MOOC，这一被誉为“自印刷术问世以来教育领域最为显著的变革”，作为一种录播形式的在线教育，其核心教学理念根植于行为主义“刺激—反应”框架内，其组织形态实则是对传统课堂模式的数字化重构。就教学内容而言，MOOC 倾向于呈现结构化的知识体系，依赖专业知识本身的吸引力来激发学习者的兴趣与参与热情。在疫情背景下，录播式教学进一步凸显其重要性，成为师生在虚拟网络空间中进行学习互动的桥梁。鉴于其录播属性，学习活动的时间安排摆脱了物理时空的限制，赋予了学生极大的灵活性，使他们能够根据个人日程选择适宜的时间观看课程视频，甚至进行多次回放以加深理解。通常，这类录播课程的时长被精心设计，多控制在 20 分钟左右的紧凑时段内，以确保学习的高效性与注意力的集中。

二、线上教学的特点

线上与线下教学模式在时间维度、空间布局及师生互动模式上展现出显著差异，彼此

间构成了既区分又互补的关系格局。相较于传统的线下课堂教学，线上教学模式在多个方面展现出了其独到的优势所在。

（一）线上教学的技术性

在线上教学过程中，电脑作为核心工具，承载着课件展示、屏幕共享、录制及实时互动等多重功能，这些操作均需在电脑平台上由教师与学生协同完成，凸显了线上教学技术应用的深度与广度。此外，线上教学环境极大地促进了多媒体资源的高效整合与利用。相较于传统线下课堂，教师虽然依赖学校配备的多媒体设施，但其应用往往局限于基础教学展示，对设备进阶功能的探索与实践不足，偶尔还会遭遇如课件传输依赖U盘、格式兼容问题等技术障碍，限制了教学互动的流畅性与多样性。而在线上平台，这些局限得以有效克服，教师能更自如地运用多媒体资源，提升教学质量与效率。

（二）线上教学的开放性

在探索线上教学实践的广阔天地时，除教师精心筹备的课件与教案外，还涌现了琳琅满目的教学资源，为学生与教师的双向学习与借鉴提供了肥沃土壤。具体而言，“国家中小学智慧教育”平台便是其中一座宝库，它汇聚了众多卓越的教学范例，为师生的学习与探索提供了宝贵参考。此外，该平台还链接了全国众多顶尖学府与名师的精品课程与优质教学资源，这些宝贵财富为学生的知识汲取提供了多元化途径，不仅极大地丰富了他们的学习资料库，也促使知识获取的渠道变得四通八达，从而有效拓宽了学生的视野，更为教师实施“大语文”教育理念铺设了坚实的基石。

（三）线上教学的主动性

在传统课堂教学范式下，尽管教师秉持强烈的互动意愿，力图促进学生参与课堂讨论，但学生往往缺乏主动互动的自觉性，未能充分认识到与教师交流对于提升课堂成效的重要性，导致互动过程呈现出显著的被动特征。相比之下，在线教学环境赋予了师生交流新的维度：由于物理距离的隔离，师生双方难以直观感知对方的状态，这一变化促使双方均需采取更为积极主动的态度。具体而言，教师需更加敏锐地捕捉学生的反馈与状态，而学生则意识到，为了优化学习成效，必须主动展现自己的学习状态，以便教师据此灵活调整教学节奏与进度。

（四）线上教学的灵活性

传统线下教学模式受限于固定时间框架，学生需遵循既定课时安排获取知识，而线上教学模式则赋予了学生前所未有的灵活性，允许他们根据自身条件与需求自主规划学习时段。对于学习中的难点，学生可通过线上平台反复回听课程，直至掌握。这种灵活性不仅体现在学习时间的安排上，还促使学生能够在校园内参与线下教学活动，同时在业余时间利用线上资源深化理解、巩固所学。因此，线上教学在时间上与线下教学相辅相成，共同构成了一个更加个性化、适应性强的学习生态系统，满足了学生多样化的学习需求，提高了学习的灵活性与效率。

（五）线上教学的广泛性

在传统面对面教学模式下，每个班级构成固定，教师在既定的时间与空间内，向特定群体传授知识，这种模式虽利于教学内容的系统性组织，却也限制了其受众的广泛性。相较之下，线上教学则突破了受众局限，展现出更广泛的包容性。在传统教室环境中，学生需紧密跟随教师讲授节奏，以防遗漏信息，而学生数量的增加往往导致注意力分散，故每班规模有所限制。然而，在线上教育平台，得益于课程内容可循环播放的特性，对学生人数的约束得以松弛，甚至鼓励家长伴随孩子共同学习，此举不仅有助于家长更有效地辅助孩子学业，实现家校教育的深度融合，还能让家长更深入地洞察教师的教学风格，增进双方间的理解与信任。

（六）线上教学的平等性

传统课堂教学秉持“教师引领，学生核心”的理念，课堂节奏由教师主导，进而凸显了教师的权威地位。同时，通过面对面的教学方式，学生不仅在课堂上关注教师的讲授，还能在日常生活中了解教师的言行举止乃至课余活动，这种近距离的交流深化了学生对教师个性的认知，促进了师生间的和谐关系。然而，在线上教学环境中，由于教学活动移至虚拟空间，师生间的物理距离与心理隔阂相应增加，教师的个性特征较难直观展现，这可能削弱学生在课堂上的活跃度及参与多方讨论的积极性。但是，这种距离感也促使师生间的关系向更为私密与平等的方向发展，使学生能够更加专注于教学内容，与教师建立起一种基于知识交流而非仅依赖物理接近性的亲密度。在此情境下，学生回答教师提问时更易流露出自然与真诚，宛如朋友间的对话，这构成了线上教学别具一格的优势所在。

三、线上教学的必要性分析

从教学策略的维度审视，线上教学模式凭借其独特的操作流程、媒介工具，以及时空限制的跨越性，倾向于融入情境模拟、自主探究、发现学习、交流研讨及成果展示等多样化教学策略。这些策略的应用，更为深刻地凸显了学生在学习过程中的主体地位，有效地激发了其主观能动性与参与热情，从而促进了学习效能的全面提升。

在教学评估的视域下，线上教学展现出其独有的优越性，包括评估手段的灵活性、评估种类的丰富性以及评估成本的显著降低。线上教学在课前预习、课堂互动及课后作业评估等各个环节均展现出高度的灵活性，摆脱了传统线下教学中依赖集中考试与教师手动阅卷的单一模式。在线上环境中，学生不仅能够借助教师设计的练习题进行自我评估，还能

即时通过在线评价系统获取学习反馈，进而自主调整并优化学习策略，这一过程不仅提高了学习效率，也有效规避了传统线下评估所伴随的高额人力与物力成本。

从教学内容的广度与动态性视角审视，线上教学展现出内容边界的无限延展性及内容的即时扩充能力。在教学过程中，教师能够迅速从网络资源中汲取相关背景信息，有效拉近学生与文本情感的距离，使学生在学习过程中自然而然地跨越课本的界限，步入更广阔的知识领域。此举不仅极大地丰富了学生的知识库存，促进了其文学底蕴的积淀，还进一步拓宽了学生的语文认知视野，为综合素养的提升奠定了坚实基础。

四、线上与线下教学方式比较分析

高中语文的线上教学模式与线下教学模式并非对立的两极，而是基于不同理论体系与操作逻辑下的并行路径，各自独具优势与局限性。以下将从理论基础、操作程序、教学时间、空间和媒介，以及角色观的转变等多个维度进行深入剖析与阐述。

（一）理论基础

线上教学深深植根于建构主义学习论、人本主义教育理念与多元智力理论的沃土之中。建构主义学习论凸显了学习者的核心地位，倡导学生对知识体系的主动构建与塑造，同时，其教学观摒弃了单向灌输的传统模式，转而注重学习的动态生成过程。鉴于前章已对该理论根基进行了详尽剖析，此处不再重复。此理论框架之优，在于它牢固确立了以学生为中心的教学原则，极大地增强了学生的主体参与感；然而，其潜在不足亦不容忽视，即可能在一定程度上削弱了教师引导与调控的作用，同时对学习过程中情感维度的考量亦有所欠缺。

线下教学模式的核心理论支柱为奥苏贝尔的“教学相长”理念，该理念涵盖了三个核心要素：“有意义接收性学习”原理、“动机驱动论”及“前置组织者策略”。其优势之一在于为教师提供了明确的指导框架，使其能够更有效地发挥引领作用；优势之二在于，它高度重视学习过程中情感因素的作用，不易被忽视。然而，此理论框架亦存在局限性，主要体现在对学生主体地位的淡化处理上，未能充分激发学生的主人翁意识与自主能动性。

（二）操作程序

高中语文的线上与线下教学模式，在操作流程层面展现出显著的差异性。语文课堂的操作流程，旨在通过精准调控教师、学生、教学策略、教学环境等多元要素间的相互作用，遵循内在逻辑规律，构建一个高效的教学系统架构，此即教学组织模式与具体实施环节的体现。在我国悠久的教育历史中，形成了多样化的教学组织形态，包括但不限于班级集中授课、小组协作学习、复式分层教学、实地体验教学及个性化一对一辅导等，同时辅以答疑解析、个性化指导及全面考核评价等手段。而谈及传统教学环节，其深受苏联教育家凯洛夫教育思想影响，经典框架可概括为“教学准备—旧知回顾—新知传授—知识巩固—作业布置”的五阶段循环，这一模式曾广泛指导教学实践。

线上教学模式采用远程直播与录播课件相结合的方式，既涵盖群体化的实时教学信息传播，也融入个性化的自主学习途径。以《故都的秋》为例，教师可伴随学生同步品读文本，共同领略南北秋色之别；或预先录制微课并搭配朗读音频，鼓励学生自主沉浸于线上学习所带来的视听盛宴，深化理解与感悟。相较之下，传统线下教学模式聚焦于师生循环互动中知识传授与品德培育的双重目标；而线上教学则更倾向于优化课堂结构，深度融入互联网前沿技术与丰富网络资源，通过构建问题情境，激发学生的学习自主性与积极性，促进主动学习行为的发生。

（三）教学时间、空间和媒介

实现线上与线下教学模式在时空维度及媒介应用上亦存在显著差异。具体而言，首先，就教学时间而言，传统线下教学遵循既定的时间表，尤其是中小学语文课程，多被安排在上午时段，且每课时固定为约 45 分钟；相反，线上教学则展现出高度的灵活性，摆脱了时间的束缚，学生与教师可自由选择在任意时段开展学习活动，且单次授课时长往往短于传统的 45 分钟课堂安排。

其次，从教学空间来看，传统线下教学活动都是在固定的教学场所进行。而线上教学不受固定的地点限制，只要有网络覆盖和上课设备的地点就可以进行教学。

最后，就教学媒介而言，两者差异显著。传统线下教学常依赖书本、讲义及纸质考试材料等实体资料，辅以黑板、粉笔等传统教具；而线上教学则广泛采用电子资源、网络设备以及必要的软硬件基础设施。线下教学模式通常通过设定具体的人数、时间与地点来规范教学活动；相比之下，线上教学则以其信息传递的灵活性，突破时空限制，面向任意规模的学生群体，在任何时间、地点开展教学。这一过程中，线上教学不仅充分利用了网络资源的丰富性，还依托先进的互联网技术与多媒体设备，实现了教学形式的多元化与创新。

（四）角色观的转变

在线上或线下教学环境中，教师与学生的共同存在构成了教学活动的基本框架。两者角色的演变蕴含着深远的意义，首要的是教师需要实现角色的深刻转型，由知识的单向灌输者转变为学习旅程的积极引领者。在此过程中，教师不仅要传授知识，还应聚焦于互联网时代下的课程创新与资源高效整合。其角色定位不仅涵盖了研究者、引导者及组织者的职责，更深刻体现在促进学生知识意义构建的催化作用上。此外，教师的身份也从传统的权威角色中走出，与学生建立起更为平等、互动的学习伙伴关系。

在线上教育的语境下，学生的角色同样经历了显著的转变。学生应摒弃传统的被动接受学习模式，转而拥抱更加积极、主动且多元化的学习方式，充分利用网络资源的广度与

深度，进行自主探索、深入探究以及高效的合作学习。相较于传统线下教学对集体主义意识与团队合作精神的强调，线上教学更聚焦于激发学生的创新思维与创作潜能，致力于培养学生在信息时代所需的创新能力。

五、线上与线下教学评价比较分析

（一）评价类型

在传统语文课堂中，评价体系多以总结性评估为核心，该模式基于预设的语文教学目标，衡量学生达到目标的程度，聚焦于学生整体把握语文学科知识的广度与深度。此评价方式特征显著，其概括力强、覆盖范围广，但实施频次较低，典型如期中与期末的语文测评。此评价体系同样适用于线上教学场景，然而，相较于传统课堂侧重于单一语文知识掌握程度的考量，线上环境下的总结性评估更趋向于全面审视学生的综合知识掌握情况，展现出多维度、多形态的评估特点，更加契合现代教育对学生综合素养提升的诉求。

（二）评价方式

在传统教学框架内，教师的评价范围与方法趋于固化，通常将学生作业与考试成绩作为学习成效的反馈依据，且反馈渠道局限于直接的面对面交流。相比之下，线上教学模式下的评价体系展现出多元化与多渠道的优势，教师能够灵活地将高中语文线上教学评估划分为课前准备、课堂互动与课后反思三大阶段，以此全面捕捉学生的学习动态与成效。

在课堂教学的进程中，教师可以通过弹幕互动、语音交流以及在线讨论区等多元化渠道，即时地与学生进行互动与评价反馈。以《故都的秋》这篇课文的深入研读为例，学生能够借助弹幕平台，积极表达个人对文章意蕴的独特见解与深刻体悟。而课后，教师除了布置作业作为评价手段外，还可开辟一个专题讨论板块，鼓励学生围绕“秋”这一主题自由探讨，广泛搜集并分享关于“秋”的诗词佳作或散文篇章，以此促进学生思维的碰撞与知识的拓展。

第二节　高中语文线上教学

一、语文教学方式的转变

现代教育技术的兴起与演进，深刻地触及并重塑了教育体系的各个维度。这一变革浪潮中，传统的教育哲学、方法论、内容构成、管理体系及制度架构均经历着持续的转型与革新，语文学科亦未能置身事外，其演变轨迹紧随现代教育技术的步伐，具体体现在以下几个显著方面。

（一）视听媒介的变革

在传统语文教学领域，黑板、粉笔与教科书曾长期担任辅助教师教学的核心媒介。然而，随着现代教育媒体的涌入中学校园，特别是以计算机技术为核心的信息技术革命，为语文课堂引入了前所未有的教学手段，极大地丰富了教学表现力。现代教育媒体，其核心在于电子媒介的运用，这一体系可细分为硬件与软件两大支柱。硬件层面，涵盖了一系列用于传输教育信息的教学设备，诸如幻灯机、投影仪、录音机乃至电子计算机等，它们共同构建起一个多元化的教学环境。而软件，则作为教育信息的承载平台，包括 PowerPoint 演示文稿、希沃白板互动软件，以及钉钉等教育管理平台，这些工具极大地拓展了教学内容的呈现方式。借助现代教育媒体的硬件支持，语文课堂得以融合声音、文字、图像与视频等多重元素，将原本抽象的教学内容具象化、直观化，为学生提供了丰富的感性认识途径，有助于其更好地理解和掌握知识要点。

（二）语言媒介的变革

传统的语文教学模式主要依赖于直接的面对面交流，教师的话语直接作用于学生心田，尤其是在字词发音的教学环节中，教师的口音特征、发音方式及语调运用等，都会在学生心中留下深刻烙印。然而，随着现代教育技术的蓬勃发展，录音、朗读音频等新型教学媒介的涌现，为语文教学带来了革新与便利，不仅提高了教学的准确性与效率，还促进了教学方法的多元化。在此背景下，信息技术的运用为口语专项训练开辟了新路径。通过采用录像或录音技术，学生的口语交流实况得以忠实记录，便于后续针对个人表现中的不足之处进行练习与改进。此外，视频材料中的丰富画面为学生提供了生动的语境，结合配音解说练习，有效锻炼了其概括与描述能力。同时，播放绕口令录音作为日常练习的一部分，反复聆听与模仿，不仅提高了发音的清晰度，还有助于纠正口齿不清的问题，进一步提高了学生的口语表达能力。

（三）阅读方式的变革

传统语文阅读流程，惯常遵循阅读文本、标注重点、理解文义、知识巩固与应用这一系列线性步骤，耗时较长且路径单一。现代教育技术的融入，则颠覆了这一模式，将传统的线性文本阅读转化为灵活多变的超文本阅读体验，通过超链接与内容的自由组合，实现了高效检索与信息获取的飞跃。单纯的文字阅读形态已逐步演进为多媒体电子读物的丰富形态，在多媒体软件平台、互联网环境、电子数据库及电子百科全书的支撑下，学生得以进行沉浸式的交互式阅读，这一过程不仅融合了阅读、感知与体验，而且促进了学生创造性学习能力的显著提升。

（四）写作方式的变革

传统上，语文作业与写作活动均以纸笔为载体，而今，随着现代教育技术的跃进，这

一传统模式正逐渐转型为依托键盘敲击、鼠标操作、光电扫描乃至语音识别的数字化写作方式。以中学生作文大赛及长篇著述为例，当前普遍采用 Word 文档作为创作工具，并借助互联网平台实现文档的便捷传输与提交。更进一步，写作形态已从单一的文字表述，演变为融合图像、图表与音频的多媒体创作，如电子展板等，力求内容呈现更加直观生动。此外，超文本结构的引入与交互式写作模式的兴起，如微信公众号文章的推送、网页设计与电子出版物的编制，不仅拓宽了创作的边界，也促进了作品在读者间的深度互动与广泛传播。

随着多媒体计算机技术及网络技术深入教育领域，语文学科对现代教育技术的探索与研究呈现出日益深化的趋势。在此进程中，人们的认知维度亦有所提升，意识到教育技术之精髓，并非局限于现代技术工具与手段的简单运用，其核心在于现代科学理论与方法的深度融合与创新实践。教育技术所承载的使命，远不止于解决语文教学中的局部难题，而是着眼于语文教学体系的全面革新与重构。故而，在语文学科运用现代教育技术的实践中，必须秉持整体性思维范式，从系统全局的高度出发，统筹兼顾各类因素，实施优化整合策略，以期达成最优化的教育成效。

二、高中语文线上教学的优势

（一）方便、快捷、不受时空和人数限制

相较于传统线下教学模式，线上教学展现出其独特优势，主要体现在对时间、地点及参与人数的灵活适应性上，显著削弱了这些因素的限制作用。此外，它对教学资源与物理环境的要求相对宽松，无须依赖实体教室、桌椅及黑板等硬件设施，从而有效降低了教育成本。在智能设备高度普及的今天，网络覆盖之处即可成为教学场域，师生仅凭智能手机便能实现随时随地的互动学习，这种高度的便捷性极大地拓宽了教学的时空边界。教师更有机会依据课程内容与教学目标，灵活选择教学地点，融入多样化元素，以此提升课堂的趣味性与吸引力，进一步优化教学效果。

线上教学摒弃了线下教学对学生数量的硬性限制，其网络课堂能够广泛吸纳众多学子，使学生们能够跨越时空界限，与更广泛的学习伙伴共同交流探讨，进而拓宽了教育的边界，有效降低了每位学生获取知识的成本。此外，学生可依据个人偏好与需求，在多样化的网络平台上自由挑选心仪的授课教师，此举规避了因对教师不满而可能导致的学科兴趣丧失风险。同时，学生享有自主学习的主动权，能够自主安排学习节奏，针对理解薄弱点或兴趣浓厚的内容进行反复深入探究，摆脱了时间与教师既定教学进度的束缚，促进了学习的灵活性与深度。

（二）知识展示方式和课程资源丰富多样

在线上教育环境中，海量的课程资源构成了一个庞大的共享池，供教师灵活调用与协

同利用。对于教师而言，这一过程不仅是对既有资源的高效配置，还是促使优质线上教育资源价值得以深度挖掘与最大化实现的途径。同时，教师亦能主动开发、精心整合并充分利用新兴的线上教学资源，持续扩充自身的资源储备库。面向高中生群体，这一丰富的线上资源生态则满足了其多元化的学习需求，使学生不仅能够沉浸于本校教师精心打造的课程中，还能跨越校际界限，选择并探索其他学校的优质精品课程，从多维度、多层次深入理解同一知识体系。学生除了依托教师分享的资源进行学习外，更能自主驾驭互联网平台，根据个人学习路径的需要，探索并汲取更为广泛且深邃的学习资源。

（三）学习方式和平台多样化

随着线上教学平台的持续演进，教学模式与学习路径均呈现出日新月异的创新与优化态势。网络直播构成了线上教学的基石，而学生则能灵活运用观看录播、回溯视频、实时连麦、在线竞答、弹幕交流、作业互评等多种学习模式，以丰富学习体验。在复习阶段，学生可对难点进行标记并反复观看回放，以增强学习成效。此外，线上环境中，教师板书内容的即时记录难题亦得到缓解，学生可通过回放视频自主整理与巩固课堂笔记。连麦学习模式不仅促进了学生间的相互激励与监督，还构建了一个积极向上、互动频繁的学习环境。在线竞答的引入，既增添了课堂的趣味性，又锻炼了学生的自主学习能力，激发了他们的学习兴趣与积极性。弹幕交流作为师生即时沟通的桥梁，拉近了彼此的距离；而作业互评则让学生在对比中审视自我，识别学习短板，从而灵活调整个人学习计划。

（四）凸显学生的主体地位

线上教学模式，凭借其开放包容、交互灵活、资源共享与便捷高效等特性，显著促进了学生的自主学习能力。在此模式下，教师角色转型为学生学习进程的推动者、辅助力量及方向指引者。从理论视角深入剖析，线上教学不仅契合了建构主义学习理论的精髓，而且强调学习者的主体地位与知识建构的主动性。同时，与人本主义学习理论相契合，注重学生的个体差异与自我实现，以及多元智力理论所倡导的多元潜能发掘与创造力培养，共同构筑了一个以学生为中心，鼓励自主探索与创新思维发展的学习环境。

相较于传统高中语文课堂的讲授式主导与知识单向传递模式，线上教学显著突出了学生个性化、自主驱动的学习特性，并聚焦于自主知识体系的构建。在线下教学场景中，教学节奏往往由教师严密把控，而在线上教学中，学生则获得了更大的自主权，能够依据个人学习状况灵活调整学习步伐。这一系列转变深刻体现了线上教学对学生中心地位的尊崇，为学生主体作用的充分发挥提供了更为广阔的舞台。

（五）有利于学生自主学习能力、信息化能力等综合能力的培养

线下教学往往沿袭着教师主导讲授、学生被动接受的传统模式，其知识传递方式偏向于单向灌输，而非双向探讨。此模式因缺乏师生间的深入交流与即时反馈，往往显得单调

乏味，互动性不足，进而可能削弱学生的注意力集中度，抑制其对学习内容的主动探索欲望与积极参与态度。因此，传统教学模式亟须改进，以增强课堂的趣味性、互动性，并有效地激发学生的学习主动性与积极性。

线上教学巧妙借助互联网平台，实现了自我对话、人机互动及与学习系统的深度交互，其多样化的互动机制显著提升了学生的课堂融入感与参与度。同时，得益于线上资源的浩瀚无垠，教学内容得以极大丰富，加之新颖多样的展示手法，为课堂增添了无限趣味，这一创新教学模式不仅有效激发了学生的学习动力与积极性，促进了学习效率的飞跃，还为学生自主学习能力的培养提供了肥沃土壤。

三、高中语文线上教学的实践意义

（一）教育信息化的推进

在当代社会的信息洪流中，传统教育范式与学习路径已难以满足学生日益增长的多元化需求。伴随5G技术的崛起，互联网、人工智能、区块链等前沿信息技术与教育领域的深度融合，正深刻重塑着教学模式与学习方式，引领着我国教育信息化步入一个前所未有的高速发展轨道。国家层面对教育信息化的重视前所未有，积极响应教育部“十二五”规划蓝图，致力于对现有教育网与校园网进行全面升级，此举无疑为教育信息化未来的稳健发展奠定了坚实而有力的现实基石。

（二）教育公平化的需求

教育公平的理念，其渊源可追溯至远古时代，古希腊哲人柏拉图率先点亮了这一思想之光，而在东方，早于两千多年前的中国，伟大先贤孔子亦以“有教无类”之论，诠释了教育平等的深远意义。时至今日，我们在坚守教育公平这一核心价值的同时，更将目光投向了教育质量的提高，力求在公平的基础上，实现教育质量的飞跃。

四、高中语文线上教学平台类型

依据构建主体的不同维度，教育教学资源平台可细致划分为三大类别：首为学校层面自主创设的资源平台，次之为国家及各区域协同构建的资源体系，末则为公司组织运营、涵盖软件在内的多样化教育资源平台。若从教育资源展示形态着眼，则可区分为录播与直播两大教育平台类型。鉴于高中语文线上教学研究多聚焦于在线教育领域内教师教学与学生学习的双向互动，特别重视教育资源如何深刻影响教学活动，故此处倾向于选取教育资源展示形态的划分方式，即直播与录播平台模式，作为深入探究与分析的切入点。

（一）直播型教育平台

直播型教育平台，作为一种依托互联网实现教育者与学习者即时数据流通的在线教学模式，其核心在于课程直播的实时互动。这类平台多为企业独立研发的软件产品，要求用户完成下载与安装流程后方可使用。鉴于其基于网络的教学组织形式，直播型教育平台有效突破了地域界限、场地限制及人数约束，促进了信息的无界交流与资源的广泛共享，极大程度上推动了高质量教育资源的广泛传播与价值实现。其主要特性在于，采用直播授课的形式，使教学活动更具即时性与参与感。在构建学习社群的过程中，教师首先需启动班级创设流程，随后学生积极响应加入，共同组建学习集体。此后，教师在既定的授课时段内，会选用课程直播作为教学手段，面向班级全体成员发起学习邀约。此直播教学模式，不仅构建起教师与学生间即时沟通的桥梁，促进了信息的无缝对接，还赋予了教师即时解答疑惑的能力，使其能敏锐洞察学情，并据此灵活调整教学内容，实现教学的精准适配。此外，平台软件的卓越流畅性，更是为教学活动的顺畅进行奠定了坚实的基础，确保了教学过程的连续性与高效性。

直播型教育平台依据使用模式可划分为免费与付费两大阵营。免费型直播教育平台，诸如钉钉、企业微信及腾讯会议等，均内置基础直播功能，足以应对学习者的在线学习需求。以钉钉为例，作为阿里巴巴集团匠心打造的综合智能应用，其在线课堂模块依托直播技术，不仅支持教师屏幕共享，灵活展示课程资料，而且融入课堂模式，集教师课件展示与黑板板书于一体，增强教学互动性。同时，视频会议功能的融入，让教师能实时监督学生状态，通过屏幕共享深化知识传授，而免费使用的特性则促进了其广泛普及与高度用户接纳。相比之下，付费在线教育平台，如云朵课堂、微师课堂等，虽然因资金门槛限制了受众范围，但其精细化运营模式更适用于小规模定制化班级教学。这些平台直播功能全面升级，跨平台观看、海报邀请、多会场直播等特色功能一应俱全，并增设主持人角色，支持灵活切换，提升了教学场景的多样性与灵活性。此外，付费平台还强化了数据统计与处理能力，包括直播数据、聊天内容分析，以及文档课件向视频格式的便捷转换等，构建了一个功能更为丰富、完善的教育生态系统，满足了用户对于高品质线上教学体验的多元化需求。

直播授课之际，教师能有效借助直播间内的实时连麦机制，向学生抛出问题，随机检验其学习专注度，有效规避在线学习中的懈怠现象。在远程教育背景下，采用技术手段监测学生听课状况成为教师的重要职责，确保教学质量不受干扰。此外，直播间精心布局了多元化的辅助模块，包括学生自由交流的讨论板块、教师预设的练习区域，以及便于学生主动表达的举手互动功能。例如，在先秦诸子散文的教学实践中，鼓励学生在讨论区回应教师提问，或自由发表见解与感悟，以此激发课堂的积极互动氛围，深化学习效果。

课程终结之际，教师在作业分配区域不仅可规划学习任务，还巧妙地设置讨论主题帖，鼓励学生自由抒发观点，碰撞出思维火花。课后时段，教师通过发布讨论帖，引导学

生以书面表达形式回顾课堂感悟，此举旨在将学习体验从课堂延伸至课后，进一步促进学生的深度反思与相互启迪，构建持续性的学习交流环境。

（二）录播型教育平台

录播型在线教育平台，作为国家、区域及企业共同构筑的在线教育体系一部分，其核心在于以预先录制的课程视频为载体，展示丰富的教育资源。依据内容展示方式的差异，该平台主要聚焦于录播课程及课堂实录的发布，由搭建方将精选视频资源上传至平台，无偿向广大学习者开放。此教育资源的网络共享模式，不仅跨越了时间与空间的界限，还赋予了学习者随时回看、反复研习的便利，进而助力其实现知识的深化理解与透彻掌握。

各地自行构建的录播型在线教育平台，其核心展示内容多为本地师资力量贡献的视频与音频等教育资源。在此平台上，学习者拥有高度自主权，可依据个人偏好搜索心仪的教师或学校，从而发现并选修中意的课程。这些在线教育平台信息内容广泛且多元化，既囊括了教师风采的个性化展示，又紧密关联了地方教育政策文件与地区学校举办的各类活动，为学习者提供了全面了解当地教育生态的窗口。鉴于各区域教育发展的差异性，平台内容呈现出异彩纷呈的面貌，体现了地域间教育特色的百花齐放与交相辉映。

第三节　高中语文线上教学有效性

一、高中语文线上教学有效性的原则

（一）以学生为中心原则

1. 关注个体差异

高中学生在语文学习能力、学习风格和知识基础等方面存在差异。有效的线上教学要充分考虑到这些差异。例如，在设计教学内容时，不能采用“一刀切”的方式。对于语文基础薄弱的学生，可以在线上提供更多基础知识的巩固练习，如字词的强化训练、简单语法的讲解等；而对于语文素养较高的学生，则可以提供一些拓展性的学习内容，如深度解读经典文学作品、进行文学创作的高级指导等。同时，线上教学平台可以利用数据分析学生的学习情况，如作业完成时间、正确率等，以便教师更好地了解每个学生的学习状态，为他们提供个性化的学习建议。

2. 激发学生主动性

线上教学环境下，学生的主动性尤为重要。教师要通过多种方式激发学生的学习兴趣和主动性。例如，在教学过程中设置有趣的互动环节，如线上语文知识竞赛、小组讨论经典文学作品中的人物形象等。教师还可以引导学生自主探究语文问题，如让学生在线上查找资料，分析某一时期文学作品的风格特点，然后在课堂上进行分享。这样可以让学生从被动接受知识转变为主动探索知识，提高学习效果。

（二）教学内容适切性原则

1. 贴合课程标准

高中语文线上教学内容必须严格贴合课程标准。课程标准规定了高中语文教学的目标、内容和要求等。例如，在文学作品阅读教学中，要按照课程标准的要求，培养学生对不同体裁文学作品（如小说、诗歌、散文等）的鉴赏能力。教师在线上教学中要根据课程标准确定教学重点和难点，不能偏离教学大纲的要求。例如，在诗歌教学中，课程标准要求学生理解诗歌的意象、意境等，教师就要围绕这些要点进行线上教学内容的设计，包括选择合适的诗歌作品、设计相应的教学环节等。

2. 结合生活实际

有效的高中语文线上教学内容要与生活实际相结合。语文源于生活，又反映生活。教师可以将生活中的语文现象引入线上教学中。例如，在讲解语言的得体性时，可以列举生活中的广告语、通知等例，让学生分析其中存在的语言问题。同时，在作文教学中，引导学生关注社会热点问题，如环保、科技发展等，鼓励学生在作文中表达自己对这些问题的看法，这样可以使语文学习更具现实意义，提高学生的学习积极性。

（三）教学方法多样性原则

1. 多种教学方法融合

线上教学要综合运用多种教学方法。例如，在讲解文言文时，可以采用讲授法讲解文言字词和语法知识，同时结合情境教学法，通过创设古代生活情境，帮助学生更好地理解文言文的内容。在现代文阅读教学中，可以运用问题引导法，提出一系列有启发性的问题，引导学生深入思考文章的内涵，还可以结合小组合作学习法，让学生在线上分组讨论文章的主题、人物形象等。多种教学方法的融合可以满足不同学习需求的学生，使教学更加生动有趣。

2. 灵活运用技术手段

线上教学依赖于各种技术手段，教师要灵活运用这些手段来优化教学方法。例如，利用视频播放功能播放与课文相关的影视片段，帮助学生理解文学作品的情节和背景；利用在线互动工具开展课堂讨论和答疑活动；利用动画制作软件制作生动的语文知识讲解动画，如汉字的演变过程动画等，通过灵活运用技术手段提高教学效率和质量。

（四）教学评价多元性原则

1. 评价主体多元

有效的高中语文线上教学评价不能仅仅依赖于教师评价，还要包括学生自评和互评。学生自评可以让学生对自己的学习过程和结果进行反思，如学生可以在线上填写学习日志，总结自己在语文学习中的优点和不足。学生互评可以促进学生之间的交流和学习，如在线上小组项目中，学生可以互相评价小组成员的表现。教师评价则要综合考虑学生的学习态度、知识掌握情况、能力发展等多方面因素，为学生提供全面、客观的评价结果。

2. 评价内容全面

线上教学评价内容要涵盖知识、能力和情感态度等多个方面。在知识评价方面，要考查学生对语文基础知识（如字词、语法、文学常识等）的掌握情况；在能力评价方面，要考查学生的阅读能力、写作能力、口语表达能力等；在情感态度评价方面，要考查学生对语文学习的兴趣、学习的积极性和自信心等。例如，通过线上测试考查学生的知识掌握情况，通过线上演讲、作文等作业考查学生的能力，通过学生的课堂参与度、学习态度等方面的观察考查学生的情感态度。

二、高中语文线上教学有效性的必要性

（一）适应教育发展趋势

1. 教育信息化的必然要求

在当今数字化时代，教育信息化是不可阻挡的趋势。线上教学作为教育信息化的重要体现形式，其有效性对于高中语文教学至关重要。随着互联网技术的飞速发展，各种线上教育资源不断涌现，如在线课程平台、数字化教材、语文学习 App 等。如果高中语文线上教学缺乏有效性，就无法充分利用这些丰富的资源，学生将错过大量拓展语文知识和提升语文素养的机会。例如，一些知名的在线课程平台汇聚了众多优秀教师的语文课程，包括对经典文学作品的深度解读、文言文语法专项讲解等。有效的线上教学能够引导学生合理利用这些资源，使他们在更广阔的知识海洋中畅游。

2. 与未来教育模式接轨

未来的教育模式将更加多元化和灵活化，线上教学将占据重要地位。高中语文教学需要提前适应这种变化，提高线上教学的有效性。从长远来看，这有助于培养学生适应未来学习和工作环境的能力。例如，在未来的职场中，员工可能需要通过线上学习平台不断更新自己的知识和技能，高中阶段有效的语文线上教学能够让学生提前熟悉线上学习的方式、节奏和要求，如自主安排学习时间、通过网络与他人协作交流等，为他们的未来发展奠定基础。

（二）满足学生个性化学习需求

1. 学习进度差异的弥补

高中学生在语文学习方面存在着不同的学习进度和基础水平。线上教学的有效性能够为不同层次的学生提供个性化的学习支持。对于语文基础薄弱的学生，有效的线上教学可以提供更多基础知识的巩固练习，如字词专项训练、简单文言文的逐句解读等。对于学有余力的学生，线上教学平台可以提供拓展性的学习内容，如对文学名著进行深度研究、参与高层次的语文写作竞赛培训等。例如，有些学生在古诗词鉴赏方面理解困难，线上教学可以针对这一情况提供更多的实例分析、背景知识补充以及答题技巧讲解，使这些学生能够逐步提高自己的古诗词鉴赏能力。

2. 学习风格的适应

每个学生都有自己独特的学习风格，有的学生擅长视觉学习，有的学生则更倾向于听觉学习。有效的高中语文线上教学能够提供多种形式的教学资源，以适应不同学生的学习风格。例如，线上教学可以提供图文并茂的电子教材、生动有趣的语文知识动画视频，满足视觉型学习者的需求；同时也可以提供有声读物，如名家朗诵的经典课文、诗词等，适合听觉型学习者。此外，线上教学还可以设置互动环节，如在线讨论、小组项目等，满足喜欢交流互动的学生的学习需求。

（三）应对特殊情况的保障

1. 应对突发公共事件

在遇到突发公共事件，如疫情等情况下，线上教学成为保障教学连续性的关键手段。高中语文作为基础学科，其线上教学的有效性直接关系学生的学业进展。有效的线上教学能够确保学生在特殊时期依然能够系统地学习语文知识，如通过线上直播课程完成课文的讲解、作文的指导等教学任务。同时，线上教学可以通过布置电子作业、进行在线测试等方式对学生的学习效果进行监控和评估，保证教学质量。例如，在疫情期间，很多学校通过线上教学平台开展高中语文教学，有效的线上教学使得学生能够在家中继续学习语文，不至于中断学业，并且能够按照教学计划逐步提升语文能力。

2. 突破地域限制

不同地区的教育资源存在差异，线上教学的有效性可以突破这种地域限制，为偏远地区的高中学生提供优质的语文教学资源。在一些教育资源匮乏的地区，学生可能无法接触到高水平的语文教师和丰富的语文学习资料。通过有效的线上教学，这些学生可以与发达地区的学生共享优质的语文课程，如在线聆听知名语文教师的公开课、参与线上语文学习社区的交流活动等。这有助于缩小地区之间的教育差距，实现教育公平，让更多的高中学

生受益于高质量的语文教学。

三、高中语文线上教学有效性的影响因素

（一）教师因素

1. 教学能力与素养

教师的语文专业知识水平直接影响线上教学的有效性。一名优秀的高中语文教师需要对教材内容有深入的理解，能够准确地解读课文中的字词、语法、文学手法等知识要点。例如，在教授古诗词时，教师如果对诗词的格律、意象、意境等有深刻的认识，就能在在线课堂上深入浅出地讲解，让学生更好地理解诗词的内涵。

线上教学要求教师具备一定的信息技术能力。教师要熟练掌握线上教学平台的功能，如直播教学、课件展示、在线互动等操作。如果教师不能很好地运用这些技术，就可能会导致教学过程中出现卡顿、互动不畅等问题。例如，在进行作文在线批改反馈时，教师若不熟悉批注工具的使用，就无法高效地为学生指出作文中的问题并给予准确的修改建议。

教师的教学设计能力也至关重要。线上教学需要精心设计教学环节，包括导入、讲解、互动、总结和作业布置等。有效的教学设计能够吸引学生的注意力，激发他们的学习兴趣。例如，教师可以设计有趣的线上语文知识竞赛作为课堂导入，提高学生的参与度。

2. 教学态度与责任心

教师的教学态度会影响学生的学习积极性。积极热情的教师在线上教学中能够传递正能量，让学生感受到语文学习的乐趣。而责任心强的教师则会认真准备每一次线上教学内容，关注每个学生的学习情况。例如，教师会主动与学习困难的学生进行线上单独沟通，了解他们的问题，并给予针对性的辅导。

（二）学生因素

1. 自主学习能力

高中语文线上教学更强调学生的自主学习。学生需要自己安排学习时间，主动参与线上课程内容的学习。自主学习能力强的学生能够合理规划学习进度，在课前预习、课中学习和课后复习方面都能做到有条不紊。例如，他们会在课前自主阅读课文，查找相关资料，在课后及时完成作业并进行拓展阅读。而自主学习能力差的学生可能会出现拖延、不按时上课、不认真完成作业等情况，从而影响线上教学的有效性。

2. 学习动机与兴趣

学生对高中语文的学习动机和兴趣是影响线上教学有效性的重要因素。如果学生对语文有浓厚的兴趣，他们就会更积极地参与线上教学活动。例如，对文学创作感兴趣的学生可能会主动参加线上的作文写作课程和交流活动。相反，如果学生缺乏学习动机，认为语文学习枯燥乏味，就容易在线上教学中分心，不认真听讲，导致学习效果不佳。

（三）教学资源因素

1. 资源的质量与适配性

线上教学资源的质量参差不齐。优质的语文教学资源，如精心制作的课件、生动的教学视频等，能够帮助学生更好地理解知识。例如，一些动画形式的文言文教学视频，可以将晦涩难懂的文言文知识以直观的方式呈现出来。同时，教学资源要与高中语文教学大纲和学生的实际水平相适配。如果资源过于简单或过于复杂，将会不利于提高线上教学的有效性。

2. 资源的多样性与更新频率

丰富多样的教学资源能够满足不同学生的学习需求。除了传统的课件和视频，还应包括在线测试题、语文学习游戏等资源。而且，教学资源需要及时更新，以跟上语文教育发展的步伐。例如，随着时代的发展，语文教材中会加入一些反映当代社会生活的新课文，相应的线上教学资源也需要及时更新，以保证教学的有效性。

（四）网络技术因素

1. 网络稳定性

稳定的网络是高中语文线上教学顺利进行的基础。如果网络不稳定，经常出现掉线、卡顿等现象，会严重影响教学的连续性。例如，在教师讲解重点知识时网络中断，学生就会错过关键内容，影响学习效果。

2. 平台功能的完善性

线上教学平台的功能是否完善也会影响教学的有效性。平台应具备良好的互动功能，如在线提问、小组讨论等，方便师生之间和学生之间的交流。同时，平台的作业布置与批改功能、学习数据统计功能等也对教学效果有着重要影响。

第五章　大学语文教学有效性分析

第一节　大学语文教学

一、大学语文教学的功能

大学语文处在公共基础课的位置，就必然会有以下功能。

（一）提升专业技能和就业空间

在高等教育体系中，教育机构尤为重视对学生实践操作技能的培育，致力于使学生精通各项技术与管理规范，确保这些知识技能能够无缝衔接至未来职业生涯。当前，高等教育正加速推进实习实训的深度融合，旨在缩短学生由校园向职场转换的适应期，促进其迅速融入工作环境。大学语文课程在此背景下凸显其核心价值，它要求学生不仅掌握应对职场基本需求的口语与书写技能，还折射出其在高等教育课程体系中的不可或缺性。大学语文的教学精髓，在于多维度地锤炼学生的听、说、读、写等核心语言能力，这些基础技能的培养构成了语文教育的重要基石。其终极目标在于增强学生的语文综合素养，使之在口头及书面表达上均能达到高度自如。面对现代社会对综合素质的日益重视，大学语文的学习不仅促进了个人在多个层面的全面发展，还增强了个人竞争力，使个体在激烈的社会竞争中保持自信，赢得更多机遇，并为未来职业生涯的多元化发展铺设广阔的道路。

在实际工作情境中，仅仅精通专业技能尚显不足，诸多场景迫切需要语文能力的支撑。在与上级领导的沟通互动中，语文能力尤为关键，优秀的表达能力能让员工更为流畅地阐述个人见解，使领导精准把握其意图，从而最大化展现个人实力。在总结与汇报工作成果时，扎实的书面表达能力则是制作高质量工作报告的基石，否则，可能陷入文辞困境，分散工作精力，甚至因表述不当而引发误解。此外，在同事间的日常交流中，恰当的表达与沟通方式能有效促进团队凝聚力，营造积极愉悦的工作氛围。社会交往中，个体若欲实现发展，必然需要与多元人群建立联系，语言作为信息传递的桥梁，其作用不可小觑。若仅具备专业技能而疏于人际沟通，则可能面临才华难以施展的困境。相反，通过深化语文学习，个人能显著提升其社会可见度，于竞争激烈的社会环境中，赢得更多机遇与选择空间。具体而言，优秀的表达能力在实践中的体现是多维度的，主要涵盖以下几个方面。

（1）发音标准，能说一口流利的普通话。

（2）与不同特点的人及人群交流时，做到谈吐得体。

（3）有一定的发言能力，并能在无准备情况下进行即兴发言。

（4）发言具有感染力，能够进行演讲和论辩。

（5）具有较强的写作能力。

（6）具有一定的应变能力，可以对别人提出的问题做出合理的回答。

在高等教育领域，语文教学训练的核心应聚焦于能力塑造，坚决摒弃应试教育的窠臼。近年来，国家层面对人才培育的视野不断拓宽，已超越单一知识型人才的范畴，转而强调对技能型、管理型等多维度人才的全方位培育，以精准对接社会发展的多元化需求。对于高校培养的学生而言，其目标不仅是专业知识技能的精湛掌握，还需具备卓越的实践能力、出色的表达能力，以及高度整合的综合素质。大学语文的学习，正是一条有效提升综合素质、强化口语与书面表达能力的有效途径。它旨在增强学生的综合竞争力，使之能够契合时代对专业人才提出的更高要求，不仅在专业知识上有所建树，而且能在职场沟通、团队协作等方面展现出卓越的适应性与灵活性。通过大学语文的学习，学生将能更好地满足社会与时代的双重期待，成为具备高度竞争力的复合型人才。

在掌握专业技能之余，大学生若能兼备坚实的思想道德基石，无疑将极大地拓宽其职业发展的疆界。党对教育事业的重视不断加深，自党的十六大以来，便明确倡导全方位践行党的教育方针，强调在教育实践中需融合德育、智育、体育、美育与劳动教育，旨在培育全面发展的高素质人才。此举不仅加速推动了我国现代化建设的步伐，亦为社会主义事业的蓬勃发展培育了坚实的建设者与值得信赖的接班人，其深远意义不言而喻。故而，深入贯彻党的教育方针，不仅是对党和人民事业的长期投资，更是一项关乎国家未来的核心战略任务，其重要性无可估量。

（二）增强学生的综合素质

大学语文即通过解析作品与作家来指引学生学习辨析、讨论、思考和阅读，以培养和提高青年学生的综合素质。

大学语文教学承载着塑造学生正确道德、价值与人生观念的重任。此学科不仅承载着我国悠久的历史文化底蕴，还通过精练其精髓，展现了先人的智慧与哲思。中华民族五千多年的文明历程，是亿万华夏儿女共同创造的辉煌篇章，其间孕育了自强不息、勤劳奋斗、关爱他人、崇尚集体协作与无私奉献的崇高精神，这些构成了我们民族最为珍视的价值追求与理想人格典范。深入大学语文的教材与读物，如同遨游于浩瀚的历史长河，其间

蕴含的哲理箴言、道德灯塔、智慧启迪以及先贤事迹，比比皆是，令人目不暇接，获益良多。通过对这些内容的深入剖析与学习，学生能够在潜移默化中树立正确的三观，并内化为强烈的社会责任感。相较于单一的政治灌输，这种方式以其丰富的内涵与深刻的感染力，更易于为学生所接受、理解和内化，从而在心灵深处播下积极向上的种子。

在日常生活中，合作意识的培育与协作能力的提升相辅相成，而辩论赛则成为这一过程的加速器。辩论赛，这一智力与策略的盛宴，深受学子们的青睐，其多元化与竞技性不仅锤炼了参与者思维的敏锐度与判断力，而且在无形中深化了他们的合作默契与策略运用。构建一场成功的辩论赛，离不开团队每一位成员的共同努力，它是对学生团队协作能力的一次严峻考验。辩论小组的组建，便是团队协作的起点，要求成员间既要保持个性的成熟与冷静，又要具备灵活应变的能力与广博的知识储备，更需严谨的逻辑思维作为支撑。每位辩手如同棋盘上的棋子，需精准定位，充分发挥个人所长，同时与队友紧密配合，携手并进，以集体的智慧与力量击败对手。这一过程不仅是合作意识的深刻体现，更是合作能力与信心的显著增强，让学生在并肩作战中体验到合作的乐趣与成就感。

个人基础素养的基石，囊括了正确的人生观、强烈的爱国主义情感以及高效的合作精神，这些元素深植于大学语文教育的脉络之中，成为其不可或缺的组成部分。对学子们施以此类教育，乃是顺应时代变迁、满足社会进步之迫切需求，对于塑造高层次人才、推动国家长远发展而言，具有举足轻重的价值与深远的意义。

（三）打下学生终身教育的基础

终身教育，作为贯穿人生各阶段的综合性教育集合，已成为引领国家教育革新的核心指南。大学语文，其蕴含的深厚人文关怀特质，赋予了该教育领域以恒久且独特的吸引力，这种吸引力正是构筑终身教育体系坚实基础的先决要素。因此，强化大学语文的人文关怀教育，对推动终身教育理念的深入实践，具有不可估量的价值。

在推进素质教育的实践中，核心议题聚焦于“育人目标”与“培养路径”的界定，高等教育领域亦不例外。当前，大学生群体中人文素质的普遍匮乏已成为不容忽视的现象，其根源在于人文关怀的严重缺失，这直接制约了高等教育培育顶尖人才的进程。审视当下高校学子，不少学生沉溺于名利追逐，公共意识日渐淡薄，其社会行为中既难觅责任感的踪迹，亦缺乏担当精神。大学语文教学，以其独特的魅力，在无形中触及学生心灵的深处，促使他们的情感世界、世界观及社会价值体系发生深刻的蜕变。这一过程不仅有助于重塑学生的社会责任感，更能在思想与行动上植入人文关怀的种子，使他们成为既有深度思考又能积极回馈社会的优秀人才。

在大学教育的殿堂中，语文教师扮演着人文关怀传播者的关键角色，其职责在于教学过程中精准引领学生树立正确的爱情、社会与价值观念，此乃其不可推卸之使命，亦是展现大学语文内在魅力的核心途径。换言之，正是这份责任与担当，铸就了大学语文独一无二的吸引力，使其成为滋养学生心灵、塑造健全人格的沃土。

中国经济的蓬勃发展离不开人文关怀的持续滋养，我国亟须加大力度培育顶尖人才，并持续推动科学技术迈向新高度。在此背景下，高等教育机构亦需将优秀人才的培养置于核心地位，而大学语文中蕴含的人文关怀精髓则亟待广泛传播。大学语文教师作为文化传播的使者，应当基于文人先贤“穷则独善其身，达则兼济天下”的处世智慧与“任凭风吹雨打，我自岿然不动”的乐观精神等人文关怀的深厚底蕴，积极传递这些宝贵的人文养分，为学子的全面发展奠定坚实的人文基础。

显然，终身教育的实现深深依赖于人文关怀的滋养，它要求我们深入内心，尊重每个人的主体地位与个性差异，进而激发其内在的主观能动性与创新精神，促进个体在多元领域的自由全面发展。在此背景下，大学语文所蕴含的人文教育，无疑是高等教育体系中不可或缺的精神支柱与灵魂所在。针对高校学子中人文关怀元素缺失的现状，唯有通过大学语文教育的精心培育与长期熏陶，方能逐步在学生的思想观念与行为举止中植入人文关怀的基因。这一过程不仅有助于学生成长为具备深厚人文情怀的个体，而且是为社会与国家输送未来精英与栋梁之材的必由之路。

二、大学语文教学的工具性

（一）获取信息的工具

个体自幼起便在学习语言的征途中涉足听、说、读、写四大领域，其中聆听与阅读构成了信息汲取的关键路径，成为我们探索外部世界信息宝库的主要工具。在大学语文的殿堂中，教师常倾注大量心血，借助详尽解析与深度阅读，引领学生剖析文本精髓，旨在促进学生透彻领悟课文背后所蕴含的深层意义。然而，反观当前大学语文的教学实践，不难发现学生在信息摄取能力上的短板日益凸显。这一现象表现为学生在课堂上难以紧跟教师的讲解节奏，时常感到困惑不解，或是难以持续聚焦以捕捉关键信息点，迫使教师频繁暂停以重申要点，力求加深学生的理解。此类问题若未得到妥善解决，当学生步入职业生涯后，可能会面临解读工作任务时的重重障碍，难以有效调度现有资源以达成工作目标；而在日常生活中，亦可能因无法准确捕捉他人的沟通重点而滋生误解与隔阂，影响人际交往的顺畅进行。

（二）进行思维的工具

在捕捉到核心信息之际，我们需运用语言这一工具，依托既有资讯，对未知领域展开推理与构想，即借助语言实现思维的深化与拓展。思维的基本范式涵盖了分析与综合的交织、比较与分类的并行，以及抽象与概括的提炼。科学的思维方法是探索世界、破解难题

的基石。在高职语文教育的语境下，若学生展现出信息捕获能力的欠缺，势必限制其信息获取的广度与深度，加之对已掌握信息的分析能力有限，这双重因素将共同作用于其处理职场与生活中复杂问题的能力，造成不利影响。

（三）表达意见的工具

捕获信息，并深入剖析其内涵，随后对外界以恰当形式回馈，传达个人的见解与立场。在此过程中，除了付诸行动外，语言往往成为我们首选的沟通桥梁——借由言辞精准地阐述自身的观点与看法。思维的广度与深度难以穷尽，而人类语言作为一种表达工具，其表现力终究受限于有限的词汇与句式，因此，在表达复杂或微妙想法时，难免会出现“言不尽意”的情形。大学语文的教学活动肩负着重要使命，即通过系统化的语言学习与实践，不仅提高学生的信息获取能力，还致力于加强其思维锻炼，最终促成个人表达能力的显著提升。

（四）抒情言志的工具

在思维的活跃与交流的深化之上，语言承载了更高层次的使命——抒发心志，抒发人类这一情感丰富生物内心深处的情感需求与志向。自古以来，人类便以诗歌、散文、辞赋等多种文学形式为载体，如先秦《诗经》所展现，来倾泻情感、展露胸襟，既排遣愁绪又分享喜悦。高职学生群体亦不例外，他们同样拥有丰富的情感世界与独特的表达方式。以竞技体育专业的学生为例，面对日复一日的高强度训练挑战，他们常以“任凭风雨狂肆，我自坚忍不拔”来寓言自身在训练中的不屈不挠与永不言败之志；而当他们在赛场上斩获佳绩，那份由内而外的豪迈与自信则化作了“昂首阔步笑对天，吾辈岂是凡庸辈”的铿锵之语，尽显英雄本色。

（五）自我学习的工具

在高等教育的殿堂里，各学科教师所能传授的知识体系虽为基石，但面对科技日新月异的迅猛发展，各学科间的界限日益模糊，相互渗透日益加深。故此，无论是教师还是学生，均需在各自的职业征途上持续拓宽知识版图与更新技能储备，方能紧跟时代步伐，满足社会不断变迁的需求。这一过程中，自我学习能力的培育显得尤为重要，它要求学习者不仅能够依托既有知识框架与经验积累，还需敏锐捕捉最新信息，通过深入思考与整合，进而掌握新兴技能与知识。在此转变之路上，信息的有效采集、思维的深度融合以及新技能的精准展现，均离不开语言这一关键工具的支撑与驱动。

三、大学语文教学目标的基本环节与内容

（一）大学语文教学目标分析

在高等教育体系中，“大学语文”占据高校公共课程不可或缺的关键地位，目前已被

广泛纳入多数高校与学院的课程体系之中。课程设置上，多数院校仅安排一学期的学程，主要面向一、二年级初期的学生群体，而部分高校更是将“大学语文”明确列为公共必修的基础课程之一。因此，如何有效提升学生在情感表达、人文修养、审美鉴赏以及文字创作等多方面的能力，便成了教育从业者所面临的一项紧迫且重要的挑战任务。

1. 拓宽视野

采用“文”这一广义范畴来统摄书面语言作品，其内涵超越了单纯的“文艺性散文”范畴，广泛涵盖了叙述性文本、论辩性文章，以及诸如“佳作诗篇”“优美词章”“上乘小说”“经典戏曲”等文学体裁的文本。此外，这一概念并不局限于“文学”领域，同样适用于那些具备高质量与实用价值的应用类文章，从而展现了一个更为宽泛且多元的文本世界 。

2. 重视典范

着重阐述“优质文本”中“典范汉语”的特质。在学生研习的篇章筛选上，应侧重于那些蕴含“典范汉语”元素的文本：它们需具备标志性、典范性，契合“文学”的准则；此类文本能作为学习楷模，提供丰富的模仿范本，展现出强大的示范效应；它们能够深刻反映特定历史时期、文体类型、艺术风格及文学流派的独特魅力。同时，这些文本还需具备强烈的情感共鸣力与深刻的思想穿透力，值得学生反复研读与深入领会。

3. 分析各体“文”

沉浸于典范文本所独有的语言魅力之中，深入剖析每篇文章的独特风貌。从“文本构造”“文意阐释”“文辞运用”等多维视角切入，聚焦于它们的话语构建、表达策略，旨在深入探索文本根基、结构布局、修辞策略、语言意象、展现手法及书写技艺等构成“文”之精髓的要素。此探索之旅，实质上是对母语精粹的发掘与汲取过程，促进了对母语语言艺术的深刻理解与掌握。

（二）大学语文教学目标的基本来源

大学语文教育的宗旨设定，乃是对该领域教学活动最终成就的前瞻性构想，它蕴含着教育主体对于教学成果的深切期望与理想蓝图。此目标于教育实践活动展开之初即已确立，诚然蕴含主观视角，却绝非教育者之空想臆造，而是根植于对教育客观规律的深刻洞察与科学剖析，并紧密联结学习者的实际需求、当下社会环境的呼唤以及学科演进的趋势，经过综合考量与精心设计后形成的。

1. 当代大学生的需求

教育是一种有目的的实践活动，它的直接目的是满足学生自身生存和发展的需要。因而学习者的需要是教学目标的基本来源之一。

随着时代步伐的加速，职场竞争日益激烈，现代个体唯有持续学习，力求能力多元化，方能在就业市场中占据一席之地，且此趋势随时代演进越发凸显。为了赋予个体以出口成章之才，及在短时间内高效、精炼、精准地传达思想的能力，亟须强化相关技能的培育。故而，对学生此类能力的锤炼，不仅是时代赋予人才发展的必然需求，也是个体自我成长的迫切愿望，更是其稳固社会根基、拥抱未来职场与生活不可或缺的基础素养。

2. 当代社会生活的需求

教育目标的设定需紧密契合社会发展的动态需求与进步趋势。作为培育精英人才的摇篮，教育不仅是社会前行的驱动力，还是支撑国家发展战略的基石。据此，国家依据社会发展的阶段性特征，不断调整对教育的期望，旨在培育出能够顺应时代变迁的优秀人才。当前，我国正处于社会主义市场经济体制构建与现代化建设加速推进的关键节点，对高素质人才的渴求尤为迫切。全面深化素质教育的理念，是对我国教育价值导向、教育宗旨及人才培育标准的一次深刻反思与革新，也是对全球科技浪潮汹涌、国家间竞争力日益加剧现状的积极响应。因此，大学教育应将素质教育理念贯穿始终，构建促进学生自由探索的成长环境，营造浓郁的人文氛围，强化学生的人文素养，为他们的全方位成长与终身学习奠定坚实的素质基石。

大学语文，这一学科蕴含深邃的人文智慧与思想精髓，其教学过程不仅承载着知识传授的使命，更在潜移默化中启迪学生思维，塑造其道德认知、世界观、人生观与价值体系，对学生人文精神的涵养与综合素质的提升具有不可替代的作用，此优势显著超越了一般的政治理论教育范畴。鉴于此，在大学教育体系中开设语文课程，实为响应当代社会多元化发展的需求，是普通高校推行人文素质教育、促进学生全面发展的一条高效路径。

（三）大学语文教学目标的基本内容

大学语文之教学旨归，乃基于总体教育愿景所厘定，旨在达成既定的教学效果与预期成就。回溯对大学语文课程本质属性的探讨，不难发现知识积累、能力培养与素质塑造三者之间的紧密关联与相互促进，它们构成了一个和谐共生的整体框架，彼此间既相互依存又逐层递进，共同经历了由量变至质变的深化过程。鉴于此，在设定大学语文教学目标之际，务必确保知识传授、能力锤炼与素质提升的有机融合与全面覆盖，以达成综合素养的整体跃升与均衡发展。

1. 语言文学知识掌握

理工科学生在语言领域的知识储备相对薄弱，通过强化其语文素养教育，旨在拓宽其知识广度，构建均衡的知识架构，并深化其文化底蕴。回顾基础教育阶段，语文教材单元设计虽聚焦于体裁一致性，但鲜少体现跨单元间的连贯性，导致学习过程往往聚焦于个别作家，而缺乏宏观视野的塑造。大学语文教学应秉持以文学史为引领的原则，致力于为学生勾勒出中国文学的宏观框架，助力其全面把握文学发展的轨迹。在教学过程中，我们需引导学生跨越时空界限，广泛接触并深入理解不同历史时期、多样文体的经典作品，使他们不仅对中国文学的辉煌成就有所认识，更能深入了解那些在文学史上熠熠生辉的诗人、词人及戏曲大师，熟悉其代表作与创作风格，掌握诗歌类型的基本知识，并对重要的作家流派有所涉猎，从而构建起更为丰富、立体的文学知识体系。

2. 文章阅读能力增强

博览群书是个人增进学识、拓宽认知视野的关键路径。在当今科技日新月异、信息洪流席卷的时代背景下，知识的迭代速率空前加快，科技前沿的研究成果与图书文献层出不穷，阅读成为捕获这些新知的重要桥梁。个体若欲紧跟时代步伐，及时掌握外界涌现的丰富信息，持续性阅读不可或缺。鉴于此，大学语文教育的核心任务之一，便是传授高效的阅读策略，锤炼学生的阅读能力，并引导其形成稳固的阅读习惯，以此作为通向知识海洋的坚实舟楫。

在教学过程中，需将阅读活动的深化与阅读技能的培育紧密相连。语文阅读之旅，首要乃沉浸于语言艺术之美。通过此过程，我们得以体察各类文体语言之独特韵味：记叙文之顺畅连贯，说明文之精确严谨，散文之灵动秀美，诗歌之凝练隽永。进而，阅读是深层理解的桥梁。它引领我们穿梭于叙述、描绘、阐释、论辩、抒情等多元表达手法之间，洞悉标准句式、修辞技巧与篇章结构的精妙之处。同时，阅读亦是一场知识的吸纳盛宴。故而在教学中，应激励学生在阅读实践中主动积累词汇，珍藏心仪的成语、格言或警句，摘录教材中的华美辞藻与精妙段落，还要广泛搜集课外阅读与生活实践中的语言素材，以此作为未来语言表达与文学创作之丰厚资源库。

增强阅读技能训练的关键，在于广泛提升学生的阅读广度与深度。鉴于大学语文课时有限，激发课堂内的阅读兴趣尤为关键，旨在促使学生课后自主探索，广泛涉猎经典文献。教师需巧妙融合课内外教学，倡导将课堂所学阅读策略灵活应用于课外拓展阅读，引导学生将高效的课堂阅读实践与丰富的课外阅读探索相融合，以此激发其主动阅读的内在动力，促进自主学习习惯的养成，为学生终身学习之路铺设坚实的基石。

3. 语言表达训练有素

语言技能，作为人类参与社会实践不可或缺的基础能力，其普遍性与重要性不言而喻，深刻影响着个体的社交互动、知识获取与职业发展，乃至民族文化的承续与创新。具体而言，在现代社会的多元场景中，无论是人际往来的顺畅沟通、经济活动的协商洽谈，还是科技成果的普及推广，均高度依赖语言表达的艺术。作为信息交流的核心媒介，语言在社会舞台上的地位日益凸显，其恰当运用成为个人立足社会、谋求发展的先决条件。一旦个体丧失了对语言的准确领悟与自如驾驭，便难以在社会生态中立足，更遑论实现个人

成长与价值的提升。因此，培养学生的语言表达能力，旨在助力其表达流畅、逻辑清晰、层次分明，是教育体系中不可或缺的环节。

在教学实践环节中，我们应着力引导学生深入理解并掌握语言表达的法则与精髓，洞悉语言的独特韵味与风格特征，以深切体验语言之表现魅力。为此，需强化对文本语言的剖析，尤其聚焦于语用效果的深度挖掘，关注语言在具体语境中的精妙运用，将语言表达与内容的深刻呈现紧密联结，从而提高学生的语言操控能力。课堂之上，教师可巧妙设计问题，诱导学生作出回应，在追求答案准确性的同时，更需强调语言的精确性、凝练性，确保语句结构符合语法逻辑，内容条理清晰，主旨鲜明。除却直接回答问题外，教师可依据课文内容构思讨论议题，激发学生的思考兴趣，鼓励他们积极发言、参与讨论乃至辩论；亦可定期安排时段，让学生自由抒发己见，或对心仪之作进行鉴赏剖析，或围绕特定主题进行演讲，以此锤炼其口头表达技巧。语言能力训练的核心目标，在于使学生达到言说“明晰、流畅、紧扣主题”，发言则“主旨鲜明、条理井然、论据充分”。总而言之，旨在培养学生能够自如、融洽且富有表现力地运用语言进行交流，能够灵活地选择富有个性的表达方式，以自信的姿态倾听与表达。

4. 应用写作水平提高

当前，写作能力已日益凸显为个体生活与职场不可或缺的基石。表达不畅、文笔不济，无疑将极大地限制个人发展的步伐。虽有观点认为，基础写作技能的培育当属中学语文教学的范畴，大学阶段应另辟蹊径，但现实情况却不容忽视：大学语文课堂中，非汉语言文学专业的学生占据了相当比例，他们中的许多人面临写作能力的短板，其水平往往难以满足基本写作标准。鉴于科学研究与创新成果的呈现均需依托精准的文字表达，理工科学生同样被赋予了写作的重任。从项目启动时的开题设计，到实验进程中的详尽记录，再到阶段性成果或最终结项时的总结报告，乃至学术专著的撰写，每一步都紧密关联着写作技能的应用。此类科学文献不仅追求内容的科学性，更强调表达的精准、凝练与逻辑严密。若语文基础薄弱，或缺乏实际应用的写作能力，科研成果的精准传达便无从谈起，这无疑是对科研成果价值的巨大削弱。

在大学语文教育的实施进程中，教师应系统而有序地传授应用文写作的核心基础知识，并引导学生将所学写作理论积极融入个人写作实践中，实现学习与应用、理论与实践的无缝对接。此外，需倡导学生借鉴标准化的应用文体范例，通过深入剖析范文结构框架与表达技巧，逐步内化其写作范式，进而在实践中灵活运用。为进一步锤炼写作技艺，可布置撰写读书笔记的任务，鼓励学生仿效优秀篇章进行练习，或延续个人钟爱的段落与文章情节，同时激发自由创作的潜能，拓宽表达边界。

5. 审美陶冶与心灵启迪

在当今社会，随着物质与精神文明的双重飞跃，审美教育正日益成为社会各界关注的焦点，其重要性前所未有地被广泛认知。此教育形态乃美学原理在教育实践中的深刻体现，旨在依据美的内在逻辑，借助丰富的美学素材，启迪并塑造学生的审美心理结构与情感体验，旨在培育他们拥有人类崇高理想追求的审美观念，进而促进个体心灵的健康成长及高尚审美情趣的养成。① 在塑造学生审美观念与品质的过程中，需确立甄别真伪、明辨善恶、鉴赏美丑的坚实审美标尺，进而全面提升其审美素养与能力，致力于培养全面发展之人才。鉴于文学的本质在于运用语言符号构建人物图景，抒发创作者的情感与见解，并以其独特视角对社会生活进行审美层面的映射，故审美乃文学不可或缺的内在属性。而审美教育，则作为文学对社会独有的教育贡献，其在大学语文课程中扮演着至关重要的角色，对于深化学生审美能力培养具有不可估量的价值。

6. 人文积淀与道德熏陶

文学不仅赋予人情感的愉悦享受，更以情感为桥梁，启迪理智之光，令人在认知层面获得深刻的满足。大学语文教材中的篇章，皆甄选自古今中外的文学瑰宝，它们以卓越的艺术魅力穿越时光，成为传颂不衰的经典之作，蕴含着深厚的文学底蕴。大学语文正是借助这些璀璨篇章作为桥梁，悄然渗透至学习者的心田，细腻地塑造其思想情感，陶冶道德情操，提升人文内涵，并深刻影响其对社会、对人生的感知与省思，最终内化为个体精神世界中最为核心与稳固的构成——价值观与人生哲学。文学作为生活的镜像，作品则成为人生的微缩景观，品鉴这些佳作，犹如亲历各式人生百态，直面多样生命体验。它们不仅展示了人与人、人与自然、人与社会之间错综复杂的关系网，更激发了读者对生存状态的深刻反思与广泛关切，促使个体在审视自我与他者境遇的同时，学会以更加包容与同理心的态度去关怀社会、照拂他人。这一过程，实则是文学教育赋予人的独特力量，促使我们在欣赏与共鸣中，成长为更加成熟、更具社会责任感的人。

语文课程的本质融合了基础性、实用性与人文性的多重特质，故教学目标的设定需旨在促进学生知识积累、能力锤炼与素养提升的全方位发展，其中，知识的扎实掌握构成了此进程之基石。在教学过程中，首要任务是丰富学生的语言知识储备，此为提升其语言表达与书面创作能力的先决条件。进而，通过强化阅读技能，激发学生的阅读兴趣，促使学生无论是在课堂之内还是课堂之外，均能自觉主动地沉浸于经典文学作品的海洋，这一过程的深化，将有效推动学生审美鉴赏力的逐步提升与道德情操的日渐完善，进而在他们心中播撒下热爱并珍视祖国璀璨文化的种子。

---

① 曹明海．语文教育学［M］．青岛：青岛海洋大学出版社，2000.

第二节　大学语文教学有效性

一、大学语文教学有效性的内涵

（一）知识传授的有效性

大学语文涵盖丰富的知识内容，包括古今中外的文学作品、语言知识、文化常识等。教学有效性体现在学生对这些知识的准确掌握上。例如，在古代文学作品教学中，学生应能理解诗词的格律、意象、意境等知识，掌握文言文的实词、虚词、句式等语法要点。教师通过有效的教学方法，如详细的讲解、举例分析等，使学生能够扎实地积累语文知识，为进一步的学习和素养提升奠定基础。知识传授的有效性还体现在知识的系统性上。大学语文教学不是零散知识的堆砌，而是要构建一个完整的知识体系。例如，在讲授中国现代文学时，要将不同流派、不同时期的作家作品按照时间顺序和文学发展脉络进行梳理，让学生清晰地了解现代文学从五四新文化运动到当代文学的发展历程，以及各个阶段的主要文学特征。

（二）能力培养的有效性

大学语文教学要注重培养学生多种能力。阅读能力是其中重要的一项，包括对不同体裁文学作品的理解、分析和鉴赏能力。例如，在教授小说时，教师要引导学生分析小说的人物形象、情节结构、主题思想等，通过课堂讨论、课后作业等方式提高学生的阅读分析能力。

写作能力是大学语文教学的重点培养目标。有效的大学语文教学应能提高学生的写作水平，无论是学术论文写作，还是文学创作。教师可以通过写作技巧讲解、范文分析、作文批改等环节，培养学生清晰的逻辑思维、准确的语言表达和独特的创意构思能力。此外，口语表达能力同样不可忽视，通过课堂演讲、小组讨论等活动，锻炼学生准确表达自己观点、有条理地阐述问题的能力。

（三）文化传承与素养提升的有效性

大学语文是传承文化的重要载体。有效的教学能够让学生深入了解本国文化的精髓，也能够拓宽国际视野，了解世界多元文化。例如，在古典文学教学中，学生可以领略到儒家的“仁”、道家的“无为”等思想内涵，感受到中国传统文化的博大精深。在外国文学教学中，学生能接触到古希腊神话中的英雄主义、文艺复兴时期的人文主义等文化思潮。

通过大学语文的有效教学，学生的人文素养也应得到提升。这体现在学生的审美情趣、道德情操和社会责任感等方面。例如，通过阅读经典文学作品，学生能够欣赏到文学之美，受到作品中所蕴含的积极价值观的影响，从而培养自己高尚的道德品质和强烈的社会责任感。

二、影响大学语文教学有效性的因素

（一）教师因素

1. 专业素养

教师的专业知识水平直接影响教学有效性。一位精通古今中外文学、语言知识的教师能够在课堂上旁征博引，深入浅出地讲解知识要点。例如，在讲解《红楼梦》时，如果教师对红学研究有深入的了解，就能为学生提供更多元、更深入的解读，激发学生的学习兴趣。

2. 教学方法

合适的教学方法是提高教学有效性的关键。教师要根据教学内容和学生特点选择教学方法。例如，对于理论性较强的语言知识教学，可以采用讲授法结合实例分析的方法；对于文学作品赏析，可以采用小组讨论、课堂辩论等互动式教学方法，以提高学生的参与度和思维能力。

3. 教学态度

教师积极的教学态度对学生的学习有着积极的影响。充满热情、认真负责的教师能够营造良好的课堂氛围，激发学生的学习动力。例如，教师认真批改学生的作业并给予详细的反馈，能够让学生感受到教师对他们的关注，从而更加努力地学习。

（二）学生因素

1. 学习态度

学生对大学语文的重视程度和学习态度会影响教学效果。如果学生认为大学语文是一门可有可无的课程，缺乏学习的积极性，那么教学的有效性就难以保证。相反，那些对语文学习充满热情、积极参与课堂活动的学生往往能取得较好的学习效果。

2. 学习基础和能力

学生的语文基础和学习能力存在差异。基础较好、学习能力较强的学生在大学语文学习中可能更容易掌握知识和提升能力，而基础薄弱的学生则可能需要更多的指导和帮助。例如，在写作教学中，基础好的学生很快就能理解并运用写作技巧，而基础薄弱的学生则可能需要教师进行一对一的辅导。

（三）教学资源因素

1. 教材质量

大学语文教材的质量对教学有效性有重要影响。一本优秀的教材应具有内容丰富、编排合理、难易适中的特点。例如，教材中的文学作品选篇应具有代表性，既能涵盖不同的文学体裁、时期和地域，又能反映重要的文学现象和文化内涵。

2. 多媒体资源

随着信息技术的发展，多媒体资源在大学语文教学中的应用越来越广泛。有效的多媒体资源，如与文学作品相关的影视资料、动画演示等，可以帮助学生更好地理解教学内容。例如，在讲授《三国演义》时，播放相关的电视剧片段可以让学生更直观地感受三国时期的人物形象和历史背景。

三、大学语文教学有效性的价值

大学语文教学有效性的价值是一个多维度的话题，它涉及文化、教育、社会等多个层面。以下是对这些价值的深入探讨。

（一）文化传承的基石

语文，作为中华民族文化之根与魂，远远超越了一般交流工具的范畴，它承载着悠久五千年华夏文明的深厚积淀，是历史传承与文化延续的重要媒介。在大学教育的语境下，语文教学的实效性首要展现于其对传统文化的承继与弘扬之中。通过精心策划的课程内容，如古典文学的深度剖析、诗词歌赋的品味鉴赏、文言文的系统学习等，学生得以穿越时空的界限，亲身体悟中华文化的源远流长与博大精深。这一过程，不仅是知识的获取与累积，更是心灵与精神的深度对话，能够唤醒学生的文化自省意识，增强其对本土文化的认同与自信，从而为中华文化的薪火相传与创新发展注入不竭的动力。

（二）思维培养的熔炉

语文教学，作为启迪心智的冶炼场，其效能卓著地体现在对多维度思维能力的锻造之上。在大学语文的殿堂里，有效的教学实践不仅磨砺着学生的逻辑思维，使之在解构文本框架与剖析内容实质时游刃有余，更滋养了批判性思维，让学生具备洞察作者立场与论证逻辑的火眼金睛；同时，它还激发着创造性思维的火花，在写作实践中鼓励学生勇于抒发独到见解，抒发内心真实感受。此番思维能力的全面培育，无疑为学生后续的学术探索及职业生涯铺设了坚实的基石，其深远影响与价值难以估量。

（三）情感教育的温床

大学语文教材，实为一座情感教育的宝库，其内蕴的情感资源极为丰富。优质的语文教学策略，能够引领学生深度沉浸于文学作品的情感疆域，进而滋养其同情心之根、责任感之干，以及社会责任感之叶。在细致剖析文学作品情感内涵的过程中，学生逐渐掌握共情之术，学会在纷繁复杂的人际网络中维系情感的微妙平衡。此情感教育之旅，不仅在于情感层面的认知启蒙，更在于情感的躬行实践，它赋予学生以情感智慧的钥匙，使之在现实生活的情感旋涡中能够游刃有余，智慧应对。

（四）审美提升的阶梯

在大学语文教育的广阔舞台上，文学作品扮演着审美教育核心媒介的角色。优质的教学实践，能够有效地增强学生的审美能力，引领他们领略文学中语言之韵、结构之巧与意境之深。这一过程不仅促成了学生对美之真谛的深刻领悟与创造，更滋养了其高雅审美情趣的生成，对于个体修养的升华与艺术鉴赏力的精进，具有深远的影响。审美素养的提升，犹如清泉灌溉心田，不仅丰盈了学生的精神世界，而且在艺术创作与鉴赏的广阔天地中，提升了他们的品位与层次，引领其迈向更高的艺术境界。

（五）社会适应能力的培养

大学语文教学的成效，更深层次地体现在其对学生社会适应力的塑造上。作为社会互动的基石，语言能力的精进通过有效教学得以实现，这促使学生不仅语言表达流畅，而且沟通策略娴熟，从而在面对社会变迁与职场挑战时游刃有余。在多元共生的社会生态中，卓越的语言能力已成为个体竞争力版图中的关键板块。语文教学不仅授人以鱼——语言的知识与技能，更授人以渔——教会学生如何灵活应对不同社交场景，精准运用语言工具，这一转变对于学生构建良好人际关系、增强社会适应力而言，无疑是至关重要且意义深远的。

第六章　提升语文教学有效性的相关对策

第一节　小学语文课堂教学策略

一、加强基础教学

（一）基础知识教学

在小学语文教学体系中，基础知识教学占据举足轻重的地位，然而，其固有的枯燥性往往削弱了学生的学习热情。为此，在教师在施教过程中，须将焦点聚焦于学生自主学习潜能的培育之上，并精心构思实施策略，旨在激励学生在课余时段自发探索，认识并掌握更多生字新词。此举不仅能够有效扩充学生的词汇量，而且为其后续深入探索语文知识的浩瀚海洋铺设了坚实的基石。

（二）阅读教学

阅读教学，作为语文教育的核心板块，肩负着培育学生多元能力的关键使命。教师应当精心构思阅读教学策略，旨在激发学生的个人潜能，在深度阅读实践中实现能力的全面跃升。其中，合作教学模式虽为传统手段，却因其独特的优势而在教学实践中广受欢迎。此模式鼓励学生自主探索，在独立学习的过程中展现并强化个人技能的同时，通过小组内的协作交流，促进思维碰撞与能力提升，最终，在教师的精准指导下，学生得以掌握高效的阅读策略，从而达成阅读教学的既定目标。

（三）写作教学

写作与阅读均为语文教学中不可或缺的关键组成，二者相辅相成，共同促进了学生语文综合素养的提升。在写作教学的实施过程中，教师需要精心策划高效的教学策略，旨在助力学生锤炼写作能力，使他们能够自如地驾驭语言，将个人情感细腻地融入字里行间，从而在实现教学目标的同时，催生出优质的文本作品。为了进一步提升写作教学的成效并增强学生的写作能力，语文教师应当巧妙融合阅读与写作教学，形成互补互促的教学模式。此举尤为必要，鉴于小学生生活阅历相对有限，常感写作素材匮乏，而阅读则为他们打开了一扇通往广阔世界的大门，提供了丰富的素材积累。通过阅读，学生可以接触更广泛的知识领域，拓宽视野，进而为写作提供源源不断的灵感与素材。同时，阅读也是学习语言运用技巧的宝贵途径，学生可将从阅读中汲取的写作方法及时应用于实践中，通过不断的练习与转化，逐渐将其内化为自己的写作能力。

二、充分发挥教师能动性

（一）深入钻研课本，做好充分的课前准备

在小学语文教学的课堂情境中，教师肩负着核心引导角色，旨在高效地将课本精髓传授予学生。为此，教师自身需对教材内容进行深入而周密的研读，以确保教学活动得以条理清晰地推进。小学语文的教学内容核心，集中体现于课本中精心编排的系列文本之中，这些课文不仅是知识的载体，亦蕴含着各课时的关键学习要点与挑战性难点。通过教师对课文内涵的细致剖析与传授，学生得以在听、说、读、写多维度能力上获得有效锤炼与提升。在正式步入课堂教学之前，教师应当充分准备，详尽规划每堂课的教学蓝图与目标设定，确保教学内容与教材精髓紧密契合。教学方法的择定，应植根于学生的兴趣土壤，力求新颖别致，以激发学生主动融入课堂的热情。唯其如此，方能引领学生积极投身于语文学习之旅，促进其在有限的课堂时间内保持高度的注意力集中，从而有效提高语文课堂教学的效率与质量。对于学生而言，课前自主预习与课后适时复习，诚然有助于提升语文学习成效，然其效果尚难企及充分利用课堂时间所带来的高效学习体验。故而，教师在教学过程中，应尤为重视与学生之间的深度互动，确保每位学生都能全程沉浸于教学活动之中。此举旨在激发学生的主动思考，使他们能自发地对课堂讲授内容进行深入剖析，进而加深对课文知识点的记忆烙印，并更加深刻地领悟作者寓于字里行间的情感世界。

（二）重视课前引导，激发学生的学习兴趣

若学生丧失了对语文学习的热情，则提高语文课堂教学效率之路将荆棘满布。为激发学生对语文的浓厚兴趣，关键在于巧妙激发其好奇心，唯其如此，方能点燃学生内心探索的火焰。古语有云：“良好的开端奠定成功之基。”小学语文教师欲求课堂教学效率之飞跃，需在授课之初巧妙铺设悬念，持续维系学生高昂的学习热忱，使之对即将展开的课堂教学满怀憧憬与期待。

在正式踏入课堂教学殿堂之前，教师需精心构思一主题，此主题务必与课文内容紧密相连，旨在将语文课堂转变为一场探索知识秘境的旅程，深深牵引着学生的兴趣与目光。在课前预热环节，教师应施展创意，运用多样而富有趣味的手法作为教学的启幕，诸如巧设疑问、编织故事等，皆为有效之课程导入策略。如此，课堂之上，学生的注意力将如磁石吸铁般高度聚焦，紧随教师的教学蓝图步步深入，学习效率自是水涨船高。因此，提升小学语文课堂教学之效能，教师务必给予课前导入足够的重视，并确保课堂开场充满趣味

与吸引力，以此激发学生学习的无限潜能。

（三）关注全体，尊重学生的情感体验

小学阶段的学生，因年龄尚幼，对来自教师的关注与赞许怀有深切渴望。伴随新课改的深入，学生在课堂中的主体性地位日益凸显，这就要求小学语文教师在提高教学效率时，必须敏锐捕捉并回应学生的情感波动，据此灵活调整教学策略。教学实践中，教师应从讲台后走出，将课堂主导权交予学生，深入讨论圈中，积极倾听学生各异的见解与思考，此举不仅能洞悉学生问题理解的真实面貌，亦能精准把握其语文学习能力，为后续实施定制化教学奠定基石。鉴于学生成长环境千差万别，他们在学习、生活乃至心理层面或存不同挑战，教师需保持敏锐的洞察力，一旦发现问题，应立即采取有效措施加以解决。尤为重要的是，对于在课堂上勇于发言的每位学生，教师应慷慨赋予即时表扬与认可，此举旨在不断滋养学生的自信心，培育其积极向上、勇于探索的心理品质，使他们在面对语文难题时能够更加主动求解。综上所述，小学语文教师应将关注目光投向全体学生的情感世界，深切尊重每位学生的个体差异，实施个性化的语文教学策略，不仅旨在提高语文教学效率，更着眼于促进学生身心的全面健康发展。

（四）教师适度参与课堂，引导学生学习

在传统教育模式下，师生间的地位失衡显著，导致教师往往独占课堂的时间与空间，实施“填鸭式”教学，此举非但限制了学生全身心融入课堂的程度，更极大挫伤了他们学习的自主性与积极性。面对新教育生态的转型，部分教师仍深受旧有教育观念的桎梏，难以挣脱思维定式的牢笼，未能以崭新的教育视野制定并实施高效的教学策略于课堂实践之中，进而制约了课堂教学实效性的显著提升。

（五）以多媒体技术，烘托课堂学习氛围

“迅猛发展的”一词恰如其分地描绘了近年来我国科学技术日新月异的飞跃景象。这股不可阻挡的科技浪潮，叠加国家对教育事业的鼎力扶持，共同推动了多媒体技术在新时代教育领域的广泛渗透，使之成为当代教师不可或缺的能力要素之一。多媒体技术不仅显著占据了教室的物理空间，更在精神层面上扮演着举足轻重的角色，它绝非单纯的摆设，而是激发学生求知欲与主动性的核心媒介，深刻地重塑着课堂教学的面貌。

（六）联系实际生活，增强学生学习动力

“生活乃知识之源泉，且其内涵超越日常琐碎”，此观念深入人心。然而，就语文学科的本质特性审视，近年来“科技重塑生活”思潮的兴起，似乎不经意间模糊了语文与生活之间固有的紧密纽带，此现象实非所宜。古谚有之：“《论语》半部，可安天下。”昭示着我国文化的深邃与传承，语文学科的实用价值不容忽视，更非教育工作者所能轻忽。新课

程改革亦多次重申，教学活动须紧密拥抱生活，此乃提升教育实效性的关键所在。鉴于此，作为秉持新课改理念的小学语文教师，我们亟须强化教学实践中联结生活实际的意识，引导学生洞察语文与现实生活之间那隐而不显的密切联系。我们的目标是，让学生在熟悉的生活场景中，以饱满的热情与动力投身于语文知识的探索与技能的锤炼之中，最终促进小学语文课堂教学成效的显著提升。

（七）做好师生关系构建，营造优质教学环境

在小学语文教育的课堂场景中，为确保教学成效的显著性，教师首要之务在于构建并维护一个高质量的学习环境，该环境作为影响学生直接体验与激发学习潜能的关键因素，对学生的学习心态与驱动力产生深远影响。基于小学生的认知特性，语文教师应致力于营造一种积极向上的班级氛围，其核心在于构建一种和谐互信的师生关系，使学生对教师产生信赖与依赖感，这是促进师生思维共鸣与课堂协作的基石。为实现这一目标，在塑造师生关系与营造教学环境时，应采取多元化的策略，包括但不限于融入多媒体技术元素与精心设计的教学活动如游戏等，旨在全方位满足学生的认知兴趣与学习需求，从而激发其主动参与语文学习的热情。

三、结合小学语文情境创设

（一）利用情境创设方法促使学生感悟语文知识

众所周知，在教育领域内，高素质教师深谙“感知乃知识之源”的真谛。面对新时代社会发展的挑战，小学语文教师若欲高效开展课堂教学，需巧妙运用情境教学法，引领学生直观感受语文的韵味，使他们在沉浸式体验中领略语文世界的多彩与生动，进而强化其知识吸收与掌握的能力。此举旨在摆脱传统教学观念的桎梏，避免学生在僵化模式下进行低效学习。具体而言，语文教师在实施新型情境教学时，首要之务是根据实际情况预判，营造积极向上的学习氛围，促使大多数学生能在这一氛围的熏陶下，自发地投身于认知与情感的双重探索中。他们不仅能够独立融合认知与情感活动，实现左右脑功能的和谐统一，还能精准地把握提升学习感知力的核心要素，从而赋予情境创设教学法更为丰富的实践内涵与深远的教育价值。再以小学语文经典篇目《落花生》的教学为例。本课旨在通过教育者的精心设计，引导学生内化淡泊名利、无私奉献的高尚品质。在教学过程中，教师巧妙运用情境模拟法，让学生分角色扮演桃子、石榴、苹果及花生等多样植物，促使他们在角色扮演的互动中深入探讨各植物特性之优劣。此番举措，不但深化了学生对课文内容的理解，更在对比分析中凸显了花生品格之卓越，激励学生主动效仿花生，追求不慕虚名、甘于奉献的美德，从而在潜移默化中达成品格教育的目标。此外，该情境创设教学策略有效地拉近了学生与生活的距离，鼓励学生在实践中将所学知识融于生活情境，进而提

升语文学习的实效性。这一过程不仅加速了知识的内化与迁移，还激发了学生对未来探索的渴望与学习热情，为促进学生潜能的全面开发奠定了坚实基础。

（二）利用情境教学方法提高师生合作互学效果

在优化的教学情境中，学生的学习热情高涨，教师的教学热情亦同步提升，两者在情境教学法的引导下，共同沉浸于语文的深邃魅力之中，实现了协同学习与教学的卓越成效。譬如，教师可巧妙融入翻转课堂模式于情境教学策略中，此举不仅打破了传统教学中教师单一传授、学生被动接收的界限，更借助翻转课堂的创新实践，推动了师生关系的多维度与多元化发展。在此良好教学氛围的熏陶下，教师化身为专业素养深厚的导航者与激励者，而学生则转变为课堂内活力四射的探索者与主导者。通过为师生分配不同角色与特性，课堂教学被赋予了情感的深度与广度，使原本单一、直接的教学手段与语文表达得以丰富乃至升华。最终，在这样一个高质量的学习环境中，师生双方均能达到一种忘我投入、近乎无意识的和谐共处状态，教学相长，相得益彰。

（三）利用情境教学方法发展学生的个人特质

情境教学法能够活跃课堂氛围，促进学生个性特质的全面发展。鉴于小学阶段学生易受多因素触动，学习兴趣易于激发，教育者应致力于优化情境教学策略，依据学生的成长特征，引导其沉浸于富有成效的情境教学之中，从而充分唤醒学生个性潜能，实现个人特质的深化培养。以语文教材为例，其内蕴丰富多样的故事元素，教师可巧妙设计语文故事创意研讨会，鼓励学生在课堂上独立思考、勇于发声，这样的安排不仅能促使学生在积极的学习氛围中自如表达见解，还能培养其倾听他人观点的能力，进而深入挖掘每位学生的独特个性，为他们的长远发展铺设稳固基石。

（四）利用情境教学方法培养学生学习的自主性

小学生拥有显著的自主学习能力，能将乏味的学习环境转变为愉悦的求知天地。通过精准定位学习要点并高效掌控学习进程中的关键环节，他们能够显著提高学习效率与质量。小学语文教师可借助情境教学法，不断优化并革新教学场景，以激发学生对语文学习的浓厚兴趣。此举不仅能够稳步提升语文情境教学的质量，还能在教师的积极引导下，为学生创造更多自主学习的机会，鼓励他们自主探索，从而在更加充实的学习活动中茁壮成长。

此外，小学语文教学内容广泛植根于学生的日常生活实际，教师可强化情境教学与现实生活之间的紧密联系，使学生深刻认识到作文素材源自生活之沃土。此举不仅增强了学生对语文知识的真实感知，还促使他们在写作实践中将个人情感与文字内容相融合，产生共鸣。通过为学生创造更多自主学习的契机，在精心营造的教学情境中给予他们悉心指导，鼓励学生自主地在后续的学习与生活中，敏锐捕捉并细腻记录生活的点滴细节，从而多视角、多维度地领略生活的丰富多彩。

在小学教育阶段，小学语文教师应遵循高效课堂教学的标准，恰当地运用情境教学法，此举不仅能充分展现该教学法的卓越效能，还能融合多元化的教学策略于语文课堂，以培育出杰出的学生群体。因此，教师在实施情境教学时，应积极探索其多样化的应用途径，并持续提升个人教学素养，从主观层面提高教学效率，既构建出富有启发性的教学情境，又全面激发学生的多元潜能。如此，学生便能在高效运转的语文课堂中拓宽语文视野，同时在自主学习的征途上勇于独立思考，促进思维的激烈碰撞。这一过程不仅锤炼了学生的感知力与鉴赏力，还为其创造力的激发与综合素养的全面发展奠定了坚实基础。

四、融入小学语文课堂游戏

（一）通过课堂游戏，激发学习兴趣

语文课堂中融入游戏元素，是激发学生学习热情的有效途径。传统模式下，不少学生面对语文学习显得被动，常感知识乏味，难以集中注意力于课堂之上，这无疑对学生的学业成绩与学习效果构成了显著障碍，难以企及既定的学习目标。而游戏化教学的巧妙运用，则能够促使学生从不同维度展开思考与探索，优化学习效果，使语文学习过程充满乐趣，进而逐步转变学生的学习态度，鼓励他们在持续的学习旅程中充分展现个人潜能与专长。

（二）利用课堂游戏，导入课程教学

在语文教学持续革新与进步的进程中，课堂游戏作为课程引入的新颖策略，已彰显其独特价值，旨在强化学生对语文知识的注意力集中，并重塑其学习习惯与方法。此种课程导入方式，需紧密契合教学内容与游戏机制，旨在增强学生的参与感于课堂初启之时，逐步引导学生进入最佳学习状态，进而在语文学习过程中深化课堂互动参与度。此外，对于课堂游戏的引入策略，应持续探索与优化，以期为学生持续带来新颖的学习体验，促进教学成效的稳步提升。

（三）创新游戏内容，增强课堂互动

在语文教育领域，游戏活动的融入无疑是一项卓有成效的教学策略。众多教育者通过巧妙运用游戏机制，显著提高了教学质量，促使整体教学效率稳步攀升，同时也见证了学生在语文学习成效上的积极转变。为持续推动语文教学的创新与发展，教师应不断探索与优化游戏活动的形式与内容，积极与学生展开互动，确保游戏活动的多元效益得到充分发挥，为学生的语文学习之旅增添无限活力与可能。

（四）实施游戏教学，增加字词储备

在实施语文课堂的游戏化教学策略时，此举有效突破了传统教育模式的局限，促使学

生不仅深度参与思考过程，还掌握了语文知识点的综合运用与整合能力。教学应以游戏为辅助手段，引领学生循序渐进地提高字词掌握水平，旨在通过长期的学习实践与反思，助力学生超越自我设定的界限，从而在学习旅程中收获更加丰富且深刻的认知体验。针对字词教学的具体环节，应积极拓展课外学习资源，以此拓宽学生的知识视野，有效扩充其字词库，为语言能力的全面发展奠定坚实基础。

（五）完善游戏评价，增强学生自信

当前语文教学体系的持续优化进程中，游戏化教学法的融入不仅契合了现代教育理念的需求，而且促进了学生思维路径的多元化拓展，赋予学习经历以新颖独特的体验。在游戏化教学的实践中，构建科学的评价体系至关重要，旨在增强学生的自我效能感，并引导学生在游戏探索与实践应用中培养自律意识，有效规避对游戏的过度依赖。该评价体系应遵循双向互动原则，旨在拉近师生间的心理距离，促进双方在教学相长中实现共同成长与进步。

第二节　初中语文生成性教学策略

一、语文课堂教学生成性教学运用的策略

（一）引入多样的小组探究活动

学生在课堂中占据核心地位，主动引领知识探索的航向，而精心策划的探究活动则是锻造学生思维能力、加速学习进程、激活课堂氛围的关键策略。教师在施教过程中，应充分挖掘并发挥学生的个性化潜能，鼓励他们融入小组探究的集体行动之中，通过协作分析难题、合力破解挑战。这一小组探究模式的设计，旨在汇聚并放大每位学生的独特优势，形成合力。此外，小组间的互动不仅促进了思维火花的激烈碰撞，还激发了创新意识的蓬勃生长，学生们在交流互鉴中深化了对思想观点的理解与融合，从而显著提升了课堂教学的整体效能与成效。

在小组合作探究的学习历程中，教师应细心把控任务设计的梯度挑战性，并合理安排学生讨论的时间分配，确保每项任务问题的设定都指向明确的学习导向。同时，密切监测学生间互动的质量与成效，力求最大限度地优化小组合作学习的整体效能与成果展现。

（二）差异性的教学方式

针对多样化教学内容与教学活动，教师应灵活调整教学策略，以适应不同水平学生的需求，确保教学设计彰显差异化特点。此差异化教学模式的应用，旨在规避单调乏味的教学环境，持续激发学生的语文学习兴趣与热情。教师在语文教学领域里，应综合考量教学

内容、预期目标及学生个体差异，精心策划教学方法的应用，以此增强课堂的吸引力，激活学生思考，最终实现课堂教学效果的显著提升。

（三）结合学生实际规划设计教学重点

在语文教材的实际编纂流程中，专家学者深入考量了各年龄段学生思维模式的独特性与兴趣偏好的多样性，精选出富有吸引力的文本素材，以确保其高度的可读性。这一策略在不同年级的语文教材中得以体现，各年级的教学目标与教学侧重点均呈现出鲜明的差异化特征。相应地，教师在实施教学活动时，亦需紧密结合各年级学生的具体特点，灵活调整教学方法，并精准把握教学重点，以实现教学效果的最优化。

（四）充分发挥信息技术的优势作用

信息技术的深度融入各行各业，正加速其转型与升级的步伐，而其在教育领域的深度融合，则极大地丰富了教师的教学策略与知识传递手段，为学生构建起多元化的真实学习场景。这些场景不仅拓宽了学生的思考维度与深度，还促进了学生与文本作者之间情感共鸣的深化。在初中语文课堂上，多媒体、微课、翻转课堂等现代化教学手段的灵活运用，成功引起了学生的高度关注，使他们的目光紧密跟随教学内容，全神贯注于课堂之上，进而有效提高了学习成效与效率。

在语文课堂教学融入信息技术的进程中，教师不仅能依托教材展现多元化的语文知识，还能利用信息技术实现教学内容与空间的无限拓展。通过实施翻转课堂教学法，教师旨在培育学生的自主学习技能，增强其独立探究与解决问题的能力，确保在课堂时间内专注于攻克核心教学难点，并为学生提供充足的自由交流与知识拓展空间。翻转课堂的实践，还鼓励学生进行课后的自我复习与知识拓展活动，从而实质性提高学习成效与效率。

二、语文教师实施生成性教学的策略

（一）重视良好师生关系的构建

在构筑和谐师生关系的征途上，教师可着力提升师生互动的频次，并巧妙围绕学生热衷的话题设计教学活动，以此点燃学生的参与热情与讨论兴趣，促使学生踊跃发声，勇于阐述个人见解，进而在语文学习的舞台上占据主导位置。在教学实施过程中，教师应敏锐捕捉学生的学习动态与表现，适时融入学生的讨论圈，发挥引领作用，确保讨论方向不偏不倚，同时携手学生共同攻克学习路上的难关，促进知识的深度掌握与问题的解决。

在语文教学中，学生主体性的确立奠定了师生关系的基石，要求教师担当起营造积极学习氛围的重任。借助多媒体技术的力量，视频与图像的生动展示不仅赋予学生视觉盛宴，更助力教学重点内容的凸显。在教学过程中，教师应巧妙布局，预留出充足的自主学习与探索空间，鼓励学生深入品味与感知，从而深化对文本精髓的理解。在这一轻松愉悦

的环境中，学生自然而然地转变为学习的主动参与者，与教师之间构建起高效而和谐的互动桥梁。

（二）树立正确的生成观念，让课堂成为学生赖以成长的精神家园

在生成性教学场景中，教师应深切关注“个体”的成长轨迹，珍视生命体自带的自主性特质，构建一个融汇自由、民主与平等的教学环境，积极与每一位生动个体进行心灵对话，尊崇其创造性思维的火花，领悟生命成长的自然韵律，关注生命整体的和谐共生，并深入挖掘生命内涵，以此促进学生生命活力的全面释放。在此情境下，教师角色蜕变，不再局限于知识的单向灌输与机械传授，而学生亦非知识容器，静待启迪之火的点燃。课堂，这一曾经或许平凡无奇、略显乏味的空间，转而成为学生探寻意义、实现价值的舞台，成为滋养其精神成长的温馨港湾，赋予学生存在以充分的理由、深远的意义与无可估量的价值。

（三）透彻研究课堂主体，找准预设与生成的统一点

在新课程标准的引领下，生成性教学模式倡导教学预设与动态生成的和谐统一，其中，预设构成了生成不可或缺的基石，旨在为课堂生成铺设坚实的舞台。教师需深入文本肌理，精准把握教材内容之间的逻辑脉络，细致探寻最佳生成契机之“焦点”。同时，深入剖析学生的知识结构与能力现状，明确其潜在的问题解决能力与上限，围绕这些生成焦点预设多元化的教学策略，精心构建一个促进学生主动生成、全面发展的互动平台。

（四）机智处理预设意外，让意外演绎“意外”精彩

教学的至高境界在于预设与生成的和谐共生，面对教学过程中的意外插曲，教师应凭借教学智慧巧妙应对，确保沿着预设教学路径稳步前行，从而有效地实现既定教学目标。同时，那些未及预设的生成性内容，亦能因不可预知的惊喜而增添课堂的魅力。作为教育工作者，教师应时刻关注学生的个性化需求与动态变化，灵活调整预设方案，以适应学生的学习进程。值得注意的是，学生需求的教育价值各异，教师需担当起引导者的角色，协助学生评估并筛选有价值的问题，但绝不能忽视学生的任何疑问与探索尝试。

三、语文教学生成性资源整合的策略

（一）实践体验，在师生互动中挖掘生成性资源

在教学过程中，动态生成性资源的涌现主要根植于师生间互动的深刻交融。在此交互场域内，教师以启发者、辨识家等多元角色亮相，不仅在课前精心筹备，而且贯穿课中即时反应与课后总结反思中，持续捕捉学生闪现的灵感火花，提炼其反馈中的精髓信息，进而引领学生循着教学的预设脉络，深化探索之旅。显而易见，教师在此动态生成过程中扮

演着不可或缺的关键角色，其作用举足轻重。

首先，从课前预习环节中提炼出蕴含价值的资源。鉴于学生独立探索文本时可能遭遇的障碍，教师可巧妙设计具有实践导向的开放作业，如让学生亲身体验购物流程，并细致记录下这一过程中的所见所感。

其次，转向课堂互动教学环节，积极捕捉并筛选生成性资源。鉴于课堂教学的动态性与不确定性，尤其是在师生、生生互动的热烈氛围中，学生的创造性思维往往能迸发出耀眼火花。教师需敏锐洞察，从纷繁复杂的学生反馈中萃取最具教学意义的信息，即那些与教学目标高度契合的内容，并以此为基点深化教学探讨。

最后，聚焦文本探究的收官阶段，再次挖掘生成性资源。文本解读的终极目标是引领学生掌握“知人论世”的深刻技能。在此过程中，教师应鼓励学生从探究结论中提炼出新颖见解与深刻体悟，这些均是宝贵的生成性资源，能够进一步促进学生综合素养的提升。

（二）情感交融，在生本互动中辨识生成性资源

情感元素是推动生成性教育资源涌现的核心教学策略。语文学科的鲜明特点在于其人文底蕴与实用功能的高度融合，这一过程不仅巩固了学生的理性思维框架，还显著深化了感性层面上情感的体验和重量。以经典之作《白雪歌送武判官归京》为鉴，分析学生在文本由浅及深探索的旅程中，如何通过心灵的触动与价值观念的重塑实现情感层次的跃升。

1. 在情感酝酿过程中提炼生成性资源

情感发酵是文本解读进程中的自然产物，它随着故事脉络的延展或学生理解深度的增加，使读者与角色间的情感共鸣越发强烈，乃至深化至共情层面，细腻感知人物命运的起伏跌宕。教材中，塞北生活的艰辛与忧郁被细腻地刻画出来，譬如，在讲解“狐裘不暖”这一具象描述时，教师借助多媒体技术的视觉冲击力，辅以语言的精妙引导，促进学生情感的酝酿与积淀。在此过程中，学生不仅深切体会到了塞北严冬的凛冽，还意外地生发出对古时军营生活的一股向往之情，这一生成性资源的涌现，虽部分源自当代影视媒介的潜在影响，但为教师动态调整后续教学策略提供了宝贵的即时反馈与参考依据。

2. 在价值观统一过程中辨识资源的有效性

语文学科蕴含的人文内涵，在学生价值观塑造与人格完善过程中占据举足轻重的地位，作为教师发掘、评估生成性资源价值的关键阵地。在剖析此诗时，诗人倾注的深情厚谊与离愁别绪成为核心焦点。教师巧妙地运用情感共鸣的教学策略，引领学生“设身处地”，感受诗人的心境。部分学生分享了自身与同学间纯真的友谊故事，或小学毕业时的离别场景，这些由学生自发产生的生成性资源，虽源于教师的启迪，却深刻促进了学生价值观的共鸣，展现出显著的实践意义。然而，也有学生提出，鉴于诗人所处的时代背景与现代生活的显著差异，难以仅凭个人经验去揣测诗人的情感世界。这类生成性资源，虽有

其存在，但在评估其价值时，往往因其难以直接关联到教学目标而被教师审慎考量，多数情况下，会被视为非核心资源而酌情取舍。这一过程体现了教师在资源辨识与利用上的灵活性与精准度。

（三）拓展技能，在生生互动中处理生成性资源

生生互动是激发生成性资源的重要方式。生生互动，加速了学生对知识的内化与外显，既实现了知识的积累，又达到了提升能力的目的。

1. 在合作学习中拓展学生的技能

在学生的相互协作中，合作学习构成了教学的主流模式，其侧重于实践探索，成为衡量学生知识掌握程度的试金石。此外，合作学习不仅强化了学生间的交流互动，还为学习过程增添了无限乐趣。针对课文的教学，教师可策划一场课本剧的创意改编活动，鼓励学生自由结组，每组构建包括编剧、导演、演员等在内的五人团队。教师则扮演统筹全局的角色，既负责解答疑惑，又敏锐捕捉学生合作中激发的创意火花，提炼出宝贵的生成性资源。例如，有学生在表演中巧妙融入当下流行的网络用语，而另一些学生则以丰富的表情与诙谐的举止逗乐全场，这反映出学生以幽默视角审视人物，此类独特的生成性资源极具教学价值，值得在整个教学过程中加以应用与拓展。

2. 在多元评价中提高学生的技能

基于前述教学活动框架，评价机制中，教师可创新性地让学生担任评审团角色，共同评选出表现卓越的表演者，并邀请获奖者分享其采用喜剧手法诠释角色的灵感来源与构思过程。随后，教师再进行综合性点评，以此为学生搭建一个互学互鉴的平台。此举不仅彰显了学生的个性风采，更在彼此交流中拓宽了学生的视野与认知边界，促进了学习经验的深度共享。

总体而言，教师在面对动态生成的教学资源时，以拥有深厚的教学实践经验为依托，紧密贴合初中生的认知能力与兴趣导向，依托教材为根本，灵活运用诸如互动研讨、情境模拟等多元化教学策略，持续激发学生的思维活力，巧妙挖掘并理性分析资源中的价值要点。在此基础上，积极促进学生主观能动性的发挥，鼓励他们深入文本探究，培养正确的思维路径，引导学生亲身体验文字之美，感悟生活真谛，从而最大限度地唤醒学生的创造力与个性表达，共同营造出一个积极向上、和谐共生的语文课堂生态。

第三节 高中语文线上教学策略

一、对高中生的建议

在教学实践的核心视域下，学生无疑占据着至关重要的地位，构成了教学活动的基石与核心驱动力。一切教学举措的规划与执行，皆是以学生为中心而精心设计的，旨在作为教学流程的逻辑起点与关键环节，全面驱动高中语文线上教学效果的优化与提升。因此，每位学生均应秉持积极主动的态度，不仅依赖于自身的内在潜能，还需善于整合外部资源与支持，共同作用于自我综合能力的全面强化与升华。

（一）提高自主学习的能力和意志力

大部分高中生在无人监督的情境下，个人自主学习能力不足，长时间面对屏幕，注意力容易分散。

首先，学生需致力于增强个人的自我导向学习能力，这可通过设定清晰的学习目标与规划详尽的学习路径来实现，进而促进自律性、自我驱动及自主学习能力的全面提升。学生应主动承担起课前准备的责任，依据教师指导及个人学习计划深入预习课程内容；在课堂上，则需全神贯注，与教师讲解深度融合，促进知识的有效吸收与内化；课后阶段，则应积极利用录播视频、教学课件等多元化资源，进行及时的回顾与巩固，并独立且细致地完成教师布置的课后任务，以此实现学习效果的持续优化。

其次，借助家校合作的紧密纽带，能够有效地激发学生的自学潜能与自律精神。语文教师应充当学生规划学习蓝图与设定目标的引路人，激发其自主学习的内生动力，并强化对学习进展与成效的精准评估与即时反馈机制。课前，教师可预先利用班级通信平台分发网络学习资源，鼓励学生预先研习与自主探索，为课堂学习奠定坚实基础。课中，通过组织讨论、学生成果展示及适时提问等手段，教师可全面审视学生的自主学习成效，促进知识的深化与拓展。课后，则分享录播视频等丰富学习材料，供学生按需自我复习，循序渐进地培养其自主学习的良好习惯，巩固其自主学习的自我意识，并最终提升其自主学习的综合能力。

最后，家长的外部督导与导向作用同样不可或缺。家长可依托教师分享的学习规划及学生表现反馈，辅助子女高效开展网络课程学习，促使孩子科学规划学习日程、合理分配学习时间，并确保学习任务的及时完成。在此过程中，家长还需注重引导孩子平衡学习与休息，倡导健康的学习生活方式，以此来增强学生的学习效能与综合素质。

（二）加强与教师的互动交流

众多学子在求知之旅中普遍遭遇交流互动的匮乏困境，教师的即时答疑机制不畅，导

致辅导成效难显，学习氛围亦显沉闷。鉴于此，强化线上教学场景下的师生间及学生间的交流互动显得尤为迫切，特别是深化师生之间的情感联结，对于提高教学质量至关重要。利用现代线上教学平台，我们能够有效地促进师生沟通的桥梁建设，比如，教师可以灵活设计课堂提问、开展在线抢答环节，以此激发学生的参与热情，增进师生间的即时互动；同时，布置在线讨论任务，鼓励学生间的思想碰撞与协作，营造浓厚的交流氛围。此外，学生亦能利用平台提供的多样化沟通渠道，如语音、视频通话、私信留言等，主动向教师寻求解答，进一步拉近师生距离，构建更加紧密的学习共同体。

强化线上教学中的交流互动，对于教师而言，是洞悉学生学习动态、精准捕捉反馈信息的有效途径，据此可灵活调整教学策略、内容及进度，确保教学方案的针对性与实效性。同时，这一举措也为学生提供了即时获取教师指导与援助的渠道，助力其迅速解决学习中的疑惑与难题。此外，深化师生间及学生间的情感纽带，还能有效促进和谐课堂氛围的构建，为提升线上教学的整体效能奠定坚实基础。

（三）提高学生信息获取能力和数据分析能力

网络资源的多元化与广泛性不容忽视，然而其品质却存在显著差异，高中学子因未经系统化的信息检索技能培训，往往在信息甄别与获取上显得力不从心，即便偶得语文学习资源，其品质亦难以保障。鉴于此，强化高中生的信息筛选与数据分析能力显得尤为重要与迫切。为此，可考虑设立信息检索与鉴识专项课程，面向学生提供系统性指导，或是鼓励学生利用互联网自主学习相关技巧，以提升自我信息素养。同时，教师亦应积极整合优质网络资源，为学生推荐诸如 MOOC、学习通、猿辅导、作业帮等在线学习平台，以及中国知网、万方数据库、维普等权威电子资源库，以此拓宽学习路径，助力学生高效获取并评估学习资料。

二、对高中语文教师的建议

教师作为课堂的总设计师，在提高线上教学效率中发挥着非常重要的作用，所以想要提高高中语文线上教学的有效性，教师必须从其教学观念、教学能力等方面做出改变。

（一）加强对教师线上教学技能与知识的培训

教学效能的提升根植于教师的教学能力这一基石之上，而教师个人素养的卓越则是推动教学效率飞跃的核心要素之一。因此，教师需秉持终身学习的不懈追求，持续拓宽知识视野，深化专业知识积淀，并致力于教学能力的精进与革新，以此确保教学质量的稳步提升与持续发展。

教师在精进其基础教育技能的同时，亦需深化对多媒体及计算机线上教学技术的驾驭能力。需深入了解并熟练掌握一系列线上教学平台的核心功能，包括但不限于直播、语音通信、签到记录及在线评估等关键模块，这些均为提升教学互动性的不可或缺之工具。通过巧妙融合多元化的线上沟通手段，教师应积极构建与学生间深度互动与情感联结的桥梁，致力于营造一个积极向上、和谐共融的网络学习环境。此外，教师还应具备处理线上教学突发状况的能力，面对如系统卡顿、崩溃或通信障碍等意外情况时，需迅速应对，采取有效措施恢复教学秩序，确保学生能够无缝衔接，持续沉浸于高效的学习状态之中。

此外，教师还应致力于增强自身的信息化教育素养，借助网络自学、同行研讨、在线教学实践及反思等多维度路径，持续优化并提升其在信息化环境下的教学实施能力。面对纷繁复杂的网络资源库与多样化的线上教学辅助工具，教师应着力提升信息检索、甄别、整合与应用的综合能力，以科学严谨的态度筛选并高效运用高质量的线上教学资源。同时，教师应保持对新知的敏锐嗅觉，主动接纳并整合新兴信息，确保教学资源库的即时更新，紧跟线上教学领域的最新发展动态，从而保障教学活动的高效性与前沿性。

（二）提高教师的互联网平台与技术利用效率

互联网平台与技术具有非常强大的功能，提高其利用效率有利于提高高中语文线上教学的有效性。

首先，教师可依托互联网平台，丰富高中语文教学的资源谱系。高中阶段，作为学生学习生涯中的关键一环，对语文知识的汲取不仅要求量的累积，更强调质的飞跃。为此，教师应巧妙融合互联网技术与多元化平台，紧密贴合学生的知识渴求，精准筛选并汇聚高品质的线上教学资源，以此充盈学生的语文知识体系，巩固其学科基础，并引领学生拓宽语文视野，迈向更广阔的学习天地。面对浩瀚的网络教学资源库，教师应秉持去芜存菁的原则，在课前细致筹备，充分利用网络平台的力量，全面搜集并精心编排即将授课内容所需的一切优质资源，确保每一堂课都能成为知识传递与思想启迪的盛宴。

其次，教师可运用互联网技术，构建生动丰富的线上教学环境。鉴于线上教学本身的独特属性，其能在营造直观教学情境方面展现出非凡的能力。在这一框架内，视频、音频及动画等多元教学媒介能够轻而易举地将复杂的语文知识转化为直观易懂的形式，展现在学生面前。教师应把握住线上教学的这一天然优势，匠心独运地打造富含趣味性的多媒体学习环境。尤其值得注意的是，高中生群体对互联网持有极高的热情与好奇心，教师恰可借由此特点，灵活运用互联网平台，巧妙创设更为具象且引人入胜的教学场景，以此有效地激发学生的学习热忱与探索欲望。

再次，教师可充分依托互联网平台，多元化拓展学生的学习途径。传统语文教学模式受限于时空条件，教学手段往往显得单调乏味，进而限制了学生学习方式的多样性，使得学生新知获取主要依赖于教材与教师的直接讲授。然而，随着线上教学的蓬勃发展，这一局面得到了根本性转变，它为传统教学模式的革新开辟了新路径，极大地丰富了学生的学

习环境，不仅提高了学习过程的趣味性，还有效地促进了学生文化素养的全面提升。因此，教师应当积极拥抱网络技术，勇于探索与创新，为学生开辟出更为丰富多彩、高效便捷的学习手段，以满足其个性化学习需求，促进全面发展。

最后，教师可依托互联网平台，构建一套高效的教学反思与优化体系。教学反思作为教师专业能力持续进阶的关键环节，其重要性不言而喻。鉴于当前线上教学仍处于成长阶段，面临诸多挑战，表现为效率与效果的双重不足。为此，教师应积极利用互联网平台，着手打造一套系统化的教学反思与评估机制。具体而言，教师可借助高中生语文学习成效追踪评价系统，结合创新教学模式的探索与实践，确保这一反思体系既科学又具实效性，从而在教学实践中不断优化教学策略，促进教学质量与学生学习成效的同步提升。

（三）建立完善的线上教学评价机制

教学评价体系的构建核心聚焦于教学效果的衡量与反馈。线上教学模式相较于传统面对面教学，其本质差异在于教学交互形式的非即时性，这一特性直接导致师生互动存在时间滞后，进而加大了对教学效果进行精准评估的难度。鉴于此，针对线上教学的独特性，有必要构建一套与之相匹配的教学评价机制，以确保评价过程能够准确反映教学实际成效，促进教学质量的持续优化与提升。

首先，有效教学评价的核心应根植于满足学生的学习需求之上，鉴于线上教学模式强调学生的主体性，教师应当充分尊重并凸显学生的中心地位，积极扮演引导者的角色，深入学生群体内部，细致洞察并把握学生的学习诉求。基于这些需求，教师应协助学生确立个性化的自我评价准则与评价指标体系，旨在引导学生通过课堂参与，进行客观的自我审视，清晰认知自身学习状况，精准识别学习中的瓶颈与挑战，进而激发其主动改进与自我完善的动力，最终促进学生语文素养的全面升华。

其次，构建多元化线上教学评价框架，旨在提升评价体系的科学严谨性。在引导学生开展自我反思评价的同时，强化生生间相互评价及教师主导评价的融合，三者缺一不可。教师应恪守科学评价准则，精心设定多维度评价指标，确保评价流程高效顺畅，评价视角全面覆盖。通过采用科学合理的评价标准，并紧密结合学生个性化发展特征，如思维方式与性格倾向，量身打造适宜不同成长轨迹学生的专属评价模式，以促进学生全面发展。

最后，在线上教育场景中，教师应灵活运用科学、激励性的评价言辞，以促进学生学习动力的提升。在评价学生时，教师应注重其评价语言的导向性，多采用启发式的表述方式，引领学生步入正确的思维轨道，尤其是在学生遭遇答题瓶颈之际。此外，教师还应确保评价的时效性，及时对学生的学习表现给予反馈，以正面强化其优良行为，并适时纠正其不足之处。具体而言，当学生完成回答后，教师应慷慨运用肯定性的语句，以保护学生的自尊并激发其积极性。即便面对学生的错误回答，教师也应展现耐心，巧妙引导学生自我发现并及时纠正，从而培养其自主学习能力。

（四）高中语文教师必须更新教学观念

教师需积极实现教学观念从传统框架中的蜕变。首要之务，便是摒弃传统课堂教学中那些僵化守旧的教育理念，诸如“单一讲授”“知识灌输”等模式。继而，教师应调整其教学策略，转向引领学生自主探索的道路，高度重视学生自主学习技能的培育，鼓励学生利用广阔的网络资源库，自由遨游于知识的海洋，实现个性化的学习与发展。

教师应更多地担当起学生探索之路的引路人与知识构建进程中的助推者角色，而非仅仅作为知识的灌输者或信息的单纯讲述者。为了激发学生的自主学习热情与内在动力，教师需注重提升教学的趣味性与吸引力。鉴于线上教学本身即为一股创新的教育潮流，青春期的高中生对新兴事物抱有强烈的好奇心与探索欲，教师应敏锐捕捉并巧妙利用学生的这一心理特征，深度融合线上教学的独特优势，进而有效提升学生对语文学科的学习热情与主观能动性。

三、对教学管理的建议

（一）加强线上教学平台建设，完善平台功能

在线教学平台的质量与效能，是制约整体线上教学效果的关键因素，当前该领域尚面临诸多挑战，平台的发展尚显稚嫩。其中，线上环境的安全性成为一大隐忧，频繁涌现的广告弹窗不仅分散了学生的注意力，部分不良内容更可能诱导学生误入歧途。此外，技术层面的短板亦不容忽视，涵盖教学活动设计不合理、课堂纪律维护不力、评价体系不健全、互动机制受限以及视频画面清晰度不足等问题。同时，设备稳定性亦是影响在线教学体验的关键，诸如频繁卡顿、因访问量激增导致的系统崩溃等现象频发。上述问题均对线上教学的顺利开展构成了显著障碍，亟待全面审视与整顿。相关部门应高度重视，对违背教育原则、扰乱教学秩序的平台采取零容忍态度，坚决予以清理；而对于符合教育发展趋势的平台，则需通过优化资源配置与功能整合，促进其向更高质量、更高效能的方向迈进，从而为线上教学质量的全面提升奠定坚实基础。

在优化线上教学平台的过程中，除已提及的环境、技术及设备层面的基本挑战外，平台功能的深化与拓展亦不容忽视。具体而言，可聚焦于以下几个方面的完善：一是强化直播教学的流畅性，确保平台在高并发情况下依然畅通无阻，并支持灵活的一对多视频交流模式，以丰富教学场景；二是精进考勤管理功能，实现对学生出勤情况的即时、精准统计，为教学管理提供有力支撑；三是深化互动体验，通过技术创新提升师生在线交流的频率与效率，营造更为活跃的课堂氛围；四是拓宽在线测评渠道，使课堂测试与作业布置更加多元化、便捷化，满足个性化教学需求；五是优化后台数据分析功能，自动整合并呈现

学生学习成效的详尽数据，包括但不限于习题解答正确率、学生出勤统计等，为教学评估与策略调整提供科学依据。

（二）加大线上教学研究，提出线上教学新模式

教师与学生对长期沿用的线下教学模式已深谙其道，因而迅速适应线上教学环境面临挑战。鉴于此，相关机构应加大对线上教学研究的投入，立足于既有研究成果，融合经验总结与实证分析、理论探讨与实践应用，共同探索并构建线上教学的新型范式。同时，需紧密结合语文学科的独特性质与高中阶段学生的实际学习状况，量身定制适应性的线上教学策略。尤为重要的是，针对当前高中语文线上教学的实际，深化理论研究刻不容缓。鉴于科技日新月异，网络技术与智能设备迭代频繁，我们必须紧跟时代步伐，创新线上教学理论体系，以之引领并规范线上教学实践的开展，确保教学活动能够高效、有序地进行。

在线上教学领域，教师与学生作为持续成长的主体，其特性与需求在高中语文的在线教学环境中尤为显著，故教师设计教学活动时应紧密围绕高中生的成长特性与学习场景进行定制化调整。同时，一线教师作为线上教学实践的直接参与者与推动者，其地位不容忽视，他们身处教学前沿，能够敏锐捕捉线上教学过程中浮现的各类问题，并以此为契机，深入开展教学研究，从而为中国特色社会主义线上教学规律的探索贡献宝贵的理论支撑与实践经验。

（三）加强线上教学资源的开发、整合与利用

尽管当前线上教学资源的种类繁多且丰富，但其系统性尚显不足，资源分布较为零散，教师在筛选与整合这些资源时往往需耗费大量时间与精力，实际应用时亦感不便。此外，部分教师亦指出，现有的线上教学资源尚未能全面契合教学实际需求，后续仍需深入探索与开发，以更好地服务于教学实践。

鉴于当前教育环境，强化线上教学资源的研发、运用及集成显得尤为重要。针对在职教师及未来教育工作者——师范生，实施专项信息技术教育培训，旨在提升教师队伍的信息化技能与素养，从而有效促进其对线上资源的深入发掘、创造性运用及系统整合。各省级及市级教育行政部门应积极推动构建统一的在线教育资源开发平台，实施资源的集中研发、整合与高效利用策略。同时，倡导校际形成合作联盟，借助平台优势共同开发并整合线上教育资源，以汇聚高质量学习素材。各校亦需积极配置并优化校内软硬件设施，确保教学环境的前沿性。此外，应广泛利用互联网等多元化渠道，积极拓宽国际视野，广泛搜集国内外优质的线上教育资源。最终，关键在于创新线上资源应用模式，提高资源利用效率，确保在高中语文线上教学中，线上资源的价值得以最大化体现，助力教学质量的全面提高。

（四）建立完善的教学管理机制

当前，线上教学管理机制的构建尚显稚嫩，各级管理层面在应对线上教学时，多沿用既有的线下管理模式与策略，鲜有针对线上特质的创新管理举措。鉴于可资参考的成熟经验相对匮乏，当务之急在于汇聚专业力量，依托实证研究等科学方法，系统性地构建并优化一套适应线上教学特性的管理机制，以确保教学质量与效率的双重提升。

各级教育机构需强化其在线教学管理能力，深化对学校层面线上教学活动的监督与管理，确保对线上教学动态与需求有全面且及时的把握，从而灵活调整教学计划以契合实际需求。为优化高中语文线上教学，各校应设立专项指导小组，旨在为该领域的教师提供技术援助、理论指导及全面支持服务，并汇聚并分享高质量、多样化的线上教育资源。此外，小组还需承担起对教师线上教学成果进行评估的责任，确保教学质量与标准的达成。此举措亦能进一步加深学校管理层对线上教学的理解与重视，为制定科学合理的线上教学策略与实践方案奠定坚实基础。

四、线上与线下的融合式教学建议

“融合式教学模式，即线上与线下的深度融合，旨在通过整合学习理论、资源、环境及方式等多维度要素，实现两者优势的互补与强化。此教学模式展现出显著优越性，它不仅极大地丰富了学生的学习资源库，还跨越了物理界限，拓宽了学习场景，促使学生能够博采众长，集百家智慧于一身。”

有效践行“融合式教学”策略，首要任务在于全面增强教师的综合素养与能力，倡导教师秉持终身学习的理念，紧跟信息技术发展步伐，持续提升个人信息化教学技能与整体教学能力。同时，激发学生的学习动力同样至关重要，需加强对学生自主学习能力的培育与引导，依托多样化的线上教育资源，激发学生主动学习的意愿与参与热情。优化教学管理机制亦不可或缺，推进融合式教学改革的深入实施，亟须领导层的高度重视、各部门的紧密协作以及管理部门理念的深刻转变，以确保改革措施的有效落地与持续深化。

在融合式教学的具体执行路径中，“线上”环节可视为“线下”教学的预备阶段，而“线下”活动则自然衔接为“线上”学习内容的拓展与深化，二者构成了一种相互依存、共同促进的关系，而非仅将“线上”视为辅助工具或额外点缀。此外，教师在融合教学实践中应强调课堂教育与学生日常生活的紧密联系，灵活采用多元化的线上教学手段与线下教学模式相融合，以促进学生全面而深入的学习体验。

第四节　大学语文教学策略

一、工具性与人文性并重的教学实施

（一）明确教学目标

在教育实践中，学生乃核心主体，教师则以其培养目标为指引，清晰界定教育宗旨。作为高层次知识群体，学生需肩负起引领社会风尚的责任，通过积极的宣传工作影响周边社群。此过程中，学生需以坚忍不拔的自我要求为基石，坚定“四个自信”，做到“两个维护”。学生应兼备文化素养与实用技能，能读写基本公文，善于沟通解决日常难题，更需涵养奉献精神、无畏勇气与集体主义精神，内心充满温暖与爱意。因此，在大学语文教育中，知识能力的提升与情感价值的培育相辅相成，共同构成了不可或缺的教育目标。

（二）融入汉字相关知识

课程开篇的导入环节，犹如课堂之灵魂，其成功与否直接关系学生注意力的聚焦与兴趣的激发。人类天性中蕴含着对未知事物的好奇与探索欲，大学生群体虽已具备一定的汉字基础，然而对汉字背后的起源与演变历程却往往知之不详。鉴于此，将汉字文化巧妙融入课前导入之中，不仅能够传递汉字所承载的深厚知识与文化底蕴，还能进一步加深学生对中华文化的理解与情感联结，而且能够利用这一份“未知”的吸引力，瞬间抓住学生的注意力，充分利用这段宝贵的黄金时段，为后续教学内容的深入展开奠定坚实的基础。

（三）充实教学内容

教材，作为连接师生桥梁的核心要素，承载着教学内容的精髓，其在教学体系中的重要性不言而喻。针对 20 岁左右、知识储备、理解能力及思辨能力兼具的青年学生群体，语文学科，作为融汇文、史、哲智慧的殿堂，其教材应视为辐射中心，围绕之展开的知识网络如同宽广的同心圆，鼓励学生在此广阔领域内自由联想与深入探索。以《齐桓晋文之事》这一经典篇章为例，它生动描绘了齐宣王与孟子间的智慧交锋，展现了孟子以“仁”为核心的政治理念如何引领齐宣王从霸道转向王道。孟子所倡导的“仁政”，实则是儒家思想精髓的体现，对于深受儒家文化熏陶的中华民族而言，深入理解“仁”的内涵及其历史演变，尤其是对如何演进为当代“以人为本”的价值观念，显得尤为重要。此外，围绕“仁”这一概念，可横向拓展至其相关理念、事迹与故事，亦可纵向追溯其发展历程，以此多维度地加深学生对“仁”这一中华传统美德的认知。教材内容虽为起点，却蕴含着无限的延伸与拓宽空间，旨在深化学习层次，强化学生对文本乃至中华传统文化、中国精神内涵的领悟。鉴于教材内容往往跨越时空，与学生现实生活存在距离，教师需巧妙融入学生所在地的地域文化与现实案例，缩短学生与文本之间的心理距离，引导学生仿佛沿着文学大师之足迹，感受其作品背后的生活气息与时代精神。课堂应成为学生自主体验、感悟与发现的舞台，而非单纯接收教师解读的容器。鼓励学生以第一视角沉浸于文化多元性的探索中，深刻理解并内化中国故事，最终成为中华文化的自信传播者与精彩讲述者。这一过程，实则是师生间情感与智慧的共享之旅。

二、融入传统文化教育

（一）重视文本的挖掘与重构

在大学语文教育领域内，对于中华优秀传统文化的传承与发扬，该课程展现出无可比拟的独特优势，根源在于其教材深植于广博的传统文化土壤之中，蕴含丰富的文化底蕴。因此，教师在施教过程中，需敏锐捕捉并深度挖掘教材内蕴藏的中华优秀传统文化精髓，通过语言技能的锤炼与文学佳作的审美引领，潜移默化地促进学生对中华传统文化精髓的领悟与认同。具体而言，大学语文教师在探索教材内容时，应着重于双重文化资源的发掘：既包括那些历久弥新的经典文化资源，也涵盖贴近民众、富有生命力的大众文化资源。此举旨在主动贴近学生兴趣与接受偏好，精选那些既具吸引力又富含优秀传统文化精髓的知识点及价值观念，以此为依据，对语文课程的教学体系进行精细化的优化与升级。需要强调的是，语文教材中精选的诸多中国传统文学瑰宝，以其深邃的思想内涵与精湛的语言艺术，构成了强化中华优秀传统文化教育的宝贵素材库。这些作品不仅承载着历史的厚重，还以其独特的艺术魅力，为当代大学生搭建起一座通往传统文化深处的桥梁。

在大学语文的教学实践中，语文教师应超越教材既有框架，深度渗透中华优秀传统文化的精髓，通过内容的适度延展，激发学生的课外阅读兴趣。此过程需紧密结合新时代的社会脉络与学生发展需求，精选课外读物，强化课程资源的课外拓展，以巩固并深化中华优秀传统文化的教育成效。鉴于学业成就、社交能力及职业规划为当代大学生普遍关切，教师在推介阅读材料时，应细致挖掘古典文学中涉及人际交往智慧、求学之道等内容的篇目，针对当代学子的实际需求，量身打造阅读清单。如此一来，学生在广泛的课外阅读中不仅能领略古典文学的艺术魅力，更能深刻体悟其中蕴含的深厚文化底蕴与智慧，实现个人人文素养的全面提升。

在适宜条件下，教师应携手校内教研团队，共同致力大学语文校本课程的创制，旨在优化教材体系，确保其更高效地服务大学语文教育与中华优秀传统文化的传承，从而增强教学中传统文化渗透的深度与广度。鉴于当前大学语文教材编纂多聚焦问题导向的框架设计，这可能无意中抑制了部分学生的学习积极性，故校本课程的开发工作显得尤为重要。为此，学校教研团队在编纂校本教材时，应精心遴选一批兼具深厚语文教学经验、广博专

业知识、高超传统文化素养及卓越编写才能的教师及成员。整个编纂过程需始终贯穿中华优秀传统文化渗透的理念，不仅在教学目标设定上，也在内容架构、实践练习等各个环节，都应巧妙融入促进学生全面发展的优秀传统文化精髓。尤为关键的是，要积极探索将地方性、区域性的中华优秀传统文化资源融入新教材的途径，力求编撰出既能有效弘扬中华优秀传统文化，又能促进学生个性化成长与全面发展的校本教材。

（二）重新定位课程目标

在新时代背景下，为深化中华优秀传统文化与大学语文课程教学的融合，首要任务在于对课程目标的再界定，此举尤为关键，因其直接指引着教师教学方向的确立。鉴于大学语文学科的双重特性——工具性与人文性的交织，教师在教学过程中，势必肩负着双重使命：既要传授语言文字之技能，又要担负起传承与弘扬中华优秀传统文化及人文精神的崇高职责。因此，不论教师依托既有教材，还是自行研发校本教材，均应牢牢把握人文精神这一核心纽带，将教学视野聚焦于文本中蕴含的中华优秀传统文化精髓及其深层次内涵。通过精心设计的课程教学活动，旨在全方位提升学生的人文素养、文化鉴赏能力以及语言文字的实践运用能力，进而在潜移默化中激发学生对中华优秀传统文化的深刻领悟与由衷认同，促进其文化自信的根植与成长。当前，大学语文课程教学改革的主轴聚焦于促进学生个性化成长与综合能力的提升，据此，语文教材选文亦紧密围绕此核心，涵盖传统人文精神中的品格塑造、胸襟拓展、亲情人性探讨等多元主题，并融入以人文关怀、道德良知为核心的中外经典篇章。诚然，此类精选素材对学生心智成长的正面效应不容忽视，然而，在实际教学中，部分学生的主观兴趣与需求偶有被边缘化之虞。教师应深刻意识到，教学活动的本质在于辅助与促进学生的学习进程。鉴于此，教师在规划课程目标时，需紧密关联当代青年学子在新时代背景下所遭遇的精神挑战与个性化发展需求，融合优秀传统文化传承的必要性，对课程目标进行再审视与重构——聚焦于精神世界的滋养、实践能力的强化及传统文化素养的深化，旨在全方位、多角度地激发大学语文课程的育人潜能，确保教学成效与学生发展的双重优化。

大学语文课程的双重特性——工具性与人文性的并重，为其在弘扬中华优秀传统文化方面奠定了坚实基础，故课程目标应聚焦于学生综合能力与传统文化素养的双重提升。面对大学生活带来的多重挑战，诸如人际互动的复杂性、学业难题的应对，以及对专业规划及职业前景的困惑，学生亟须教师的有效指引。在此背景下，大学语文课程的人文维度尤为关键，它要求教师灵活运用教材中的典范篇章或额外引入的中华优秀传统文化资源，结合丰富多元的教学策略，生动展现文本作者所秉持的乐观生活哲学与明智处世之道。这一过程旨在通过中华优秀传统文化的精髓，为学生提供精神层面的导航与启迪，持续强化其人文素养，助力其全面发展。

（三）提升教师的传统文化素养与业务水平

在大学语文课程的施教环节中，教师的专业素养直接关系中华优秀传统文化渗透教学的执行力度与最终成效。鉴于教师队伍中传统文化底蕴参差不齐的现状，新时代下深化中华优秀传统文化与大学语文教学的融合，首要任务便是强化语文教师的传统文化修养。构建高质量的师资团队，需教师具备深度挖掘教材传统文化精髓的能力，并灵活运用多元化教学手段，引导学生主动沉浸于中华优秀传统文化的熏陶之中，精准把握课堂教育契机，巧妙激发学生的探索热情与学习兴趣。为此，从学校视角出发，应加大对教师群体的中华优秀传统文化教育支持力度，定期策划并实施线上与线下相结合的培训项目，鼓励教师积极参与文化教育活动研讨，促使语文教师反思并革新传统教学模式，转型为课堂教学的精心策划者与积极引导者。通过持续的学习交流与经验积累，教师在培训与研讨中不断丰富关于中华优秀传统文化教育的知识储备，提升其在教学中有效渗透传统文化精髓的专业技能，确保教育目标的顺利达成。

从教育者的立场审视，语文教师首要的任务是革新教育理念，深化自身作为文化传播者与人格塑造者的责任意识。为在新时代背景下推动中华优秀传统文化在大学语文课程中的深度融合，铸就学生的文化自信，实现文化育人的目标，语文教师需自觉增强育人使命感，提升全校教职员工对中华优秀传统文化教育的重视程度，将文化精髓的渗透与育人目标的达成无缝衔接于语文教学的各个环节，灵活运用各类教学资源与手段，激发学生的求知热情，构建和谐的师生互动机制，优化中华优秀传统文化在语文教学中的渗透成效。语文教师应深刻领悟，提升学生对中华优秀传统文化的兴趣与认同，需深挖与时代背景及学生日常生活紧密相连的文化元素，如传统节日庆典、服饰变迁、饮食文化等，运用丰富的教育资源触动学生心灵，服务于语文教学与学生全面发展的双重目标。此外，语文教师还应聚焦于教学技艺的精进，根据语文教学特点、学生实际状况及中华优秀传统文化教育的需求，灵活采取多元化的教学策略以优化教学效果。例如，在解析《红楼梦》等经典文学作品时，鉴于其创作背景与现代学生生活环境的显著差异，为帮助学生深刻领悟作品中的文化精髓、作者情感及社会映射，教师可巧妙运用电子白板等现代教育技术手段，创设多层次的教学情境，通过情境任务驱动学生自主探究，使学生在直观且多样的学习环境中领略中华优秀传统文化的独特魅力，提升文学鉴赏力，并在此过程中根植文化自信。

三、丰富教学方法

（一）读书指导法，以经典润心，培养学生终身学习的习惯

书籍，作为智慧的灯塔与心灵的导师，引领学生于经典字里行间汲取知识之泉、汲取力量之源、铸就信念之基。课堂时光的流转虽限定了系统性学习的框架，然而学习之旅并

无终点，它跨越了课桌的界限，持续于生活的每一个角落。近观时代变迁，短视频浪潮汹涌，人们的视线被方寸屏幕紧紧牵引，想象的翅膀渐趋束缚，思考的深度亦面临挑战。在此背景下，引导学生重拾书本，寻觅知识的宝藏，而非仅仅依赖指尖的滑动与屏幕的微光，成为教育者亟须深思的课题。为此，教师们需匠心独运，巧妙设计教学策略，激发学生内在的阅读渴望，让书籍重新成为他们探索未知、解答疑惑的首选途径。

首先，教师应运用声音的情感表现力，激发学生求知热情。通过引导学生深情朗诵古典诗文，巧妙运用语调起伏、节奏把控、重点强调及声音绵延等艺术手法，将诗歌深层情感转化为声波中的共鸣，以此触动学生心弦，共鸣于字里行间，点燃其“悦读”的热情之火。

其次，构建班级阅读共同体，教师精心规划阅读路径，从短篇启蒙至中篇深化，再至长篇沉浸，引导学生穿越喧嚣，静心潜入书海，细品文字间流淌的情感，领悟人物精神风貌，感受文化的深邃魅力。

最后，举办阅读分享盛会，鼓励学生畅谈阅读体悟，其间穿插散文赏析、小说解构、诗歌品鉴等多元阅读技巧教学，旨在全面培养学生的阅读鉴赏、深度思考及清晰表达能力。以此为基石，依托“中华典籍诵读盛典”的平台，指导学生以诵读为媒，将文章精髓以声音之姿再现，通过细腻的情感处理与声音的艺术展现，演绎作者的人文情怀，用“声情并茂”的魅力吸引更多学子投身阅读世界。此活动不仅是对学生阅读成果的肯定，更是激发其热爱阅读、追求优质阅读的强大动力，促进其形成终身阅读的良好习惯。

（二）合作探究法，以问题为导向探究，提升学生综合能力

人类作为社会性生物，在其成长轨迹的各阶段中，均需与多样化的群体互动，逐步融入社会脉络。此进程深刻地要求个体掌握沟通、协作与联合行动等关键技能。语文教师巧妙运用课堂阵地，围绕每单元的核心议题，精心构思合作探究课题，促进学生组建协作学习小组，于课前十分钟时段展示探究成果与心得。准备期间，教师以适时提问为策略，既监督进程又激励全员参与，确保合作机制的广泛覆盖，防止边缘化现象。适时且适度的教师干预，旨在激发学生的自我探索与问题解决潜能，共同构建报告内容。此教学模式全方位锤炼了学生的语言表达与人际交往技巧，为其日后无缝对接社会环境奠定坚实基础。

（三）练习法，以经典段落为范本，设定生活场景，进行写作训练

基于学生高考成绩的剖析，我们洞察到学生在写作能力上存在很大的潜在增长空间。写作领域可细分为文学创作与应用文写作两大范畴，学生需依循不同文体的要求，实施针对性的练习策略。在文学创作领域，学生借助多样化的表现手法与表达方式，深化情感传达的艺术性，以经典段落为镜鉴，通过剖析其特色，实施仿写实践，并在课堂展示中加以锤炼。而对于应用文写作，则聚焦于现实生活与工作场景的模拟，搜集并解析实际中的文

本案例，辨识其写作范式与潜在问题，进而开展针对性的创作训练。在此写作训练过程中，教师扮演着引导者的角色，指导学生提炼写作技巧，探索并确立契合个人风格的写作模式。通过持续的训练与反思，学生的写作能力得以显著提高，表达欲亦随之增强。鉴于大学语文作为一门语言运用型课程，教师应充分考量学生的个体差异、专业需求及培养目标，采取多元化教学策略，致力于提升学生的语言应用能力，为其未来更好地融入社会奠定坚实的基础。

四、构建和谐师生关系

（一）加强教师队伍的建设

大学语文课程的关键性已是不争之实，然而，如何将其内在价值充分挖掘并深植于学生心田，教学策略便成为至关重要的核心议题。当前，此难题尚待有效破解，导致大学语文在课程体系中边缘化加剧，母语地位甚至面临外语的挑战。深究根源，教师队伍建设的参差不齐现象凸显。部分高校在配置大学语文教师时，兼职教师占据相当比例，且多数非科班出身，其专业素养与能力水平成为课程发展的显著“瓶颈”。另有一些高校尝试由中文专业教师跨专业教学，这类教师在学术根基、知识底蕴及文化素养上诚然更胜一筹。然而，在教授大学语文时，他们往往倾向于专业视角，讲授内容可能过于“精深”或“专业化”，非但未能贴近学生实际需求，反而削弱了课程应有的综合性与普及性。

鉴于此，加强大学语文教师队伍的专业化建设，提高整体专业素养与教学水平，并促进教师队伍向专业化、针对性方向发展，已成为高校管理层亟待正视并解决的紧迫课题。

（二）转变学生的学习态度

在高等教育体系中，大学语文课程拥有着与近代中国高等教育几乎并行的悠久历史。各高等院校设立此课程的初衷多元且深远，旨在：首先，增强大学生的汉语语言能力及实践运用；其次，深化对中华民族传统文化的承继与弘扬；再次，促进个体及集体精神文明建设的提升；最后，在全球化浪潮中，借助中国卓越传统文化之力量，塑造世界文化交流的独特风景线。此现象非中国独有，全球高校皆在低年级阶段坚持本国语言文学的教育与阅读，大学语文实为高等教育阶段母语文化及文学经典研习的基石。鉴于此，大学语文教育的持续发展与深化，是关乎其生命力的重要命题。然而，当前大学生群体对该课程的态度颇为令人忧虑，轻视情绪背后，既映射出教学方式的不足，也反映出学生观念的偏颇。部分学生认为，多年语文学习已奠定坚实基础，大学语文难觅新意，学习态度趋于淡漠。因此，为扭转此态势，亟须对大学语文进行深刻的教学改革与功能重塑，使之成为一门集知识性、趣味性、审美价值及人文关怀于一体的课程，焕发其独特魅力，激发大学生的学习热情与内在动力。

（三）建立教师与学生之间的融洽关系

在当今日益注重人本关怀的时代背景下，构建师生间融洽的人际关系，已成为提高大学语文课堂效能的关键维度之一。和谐的师生关系能够营造出一个更为宽松愉悦的教学氛围，促进学习环境的平等化，使师生双方在互动中均能保持积极正向的心态。这种心态的维系，进一步推动了教学活动的顺畅进行，有效优化了课堂教学的整体效能。故而，强化师生间关系的和谐建设，是扭转当前大学语文课堂有效性相对不足，难以与英语课堂并驾齐驱局面的一剂良方。

（四）优化教学制度

提高课堂教学的有效性，关键在于教学制度的系统性优化。此举旨在为大学教师提供明确导向，并在制度层面构建稳固支撑。既往的课堂教学流程涵盖备课筹备、授课实施与效果评估等关键环节，而优化教学制度则需深入探索并确立高效的教学管理链条。为达成此目标，首要任务是从因果逻辑的视角，对既有课堂教学流程的各环节进行全面剖析与考量；进而，对制约大学语文课堂教学成效的各类要素进行条理清晰的主次排序与战略规划。

（五）整合资源，建构体系

要增强课堂教学的实效，必须重视教学设计的有效性，并妥善解决教学空间布局与时间规划之间的科学设计与合理配置问题。针对大学语文课堂的效能提升，推行课程改革应聚焦于制订具备可操作性的课程执行方案，同时，构思并落实多媒体教学策略的精细规划蓝图。

五、完善大学语文教学环境

（一）利用新媒体教学

新媒体技术在教育领域的深入渗透，对大学语文教学构成了显著影响，促使教师积极探索新媒体优势下的教学方法革新，以驱动教学质量迈向新高度。教师可构建个性化博客空间，精选与课堂教学紧密相关的扩展阅读材料及专题内容置于此平台，鼓励学生自主访问，深化学习。此外，博客亦可作为媒介推介的窗口，引导学生探索优质媒体资源与文学经典，有效发挥互联网对教学的辅助效能，借由网络资源的浩瀚无垠，在课堂讲授中适时链接，拓宽学生认知边界。同时，微信、QQ 等即时通信工具被巧妙融入课后学习体系，构建起一个全天候的学习交流平台，不仅便于学生灵活安排学习时间，实现自我驱动的学习模式，也促进了师生间的无缝沟通，支持互动探讨与自主学习双重模式的并行发展。此类教学模式以其前沿性、便捷性和高效性为特点，融合了文字、语音、图像、视频、音频等多元化元素，功能全面且强大，对教学资源的高效共享起到积极作用，显著提升了大学生对于大学语文课程的兴趣与学习动力。

（二）用好多媒体辅助教学

多媒体技术的融入显著扩充了课堂容量，引领大学生跨越书本的边界，广泛涉猎并吸收多元化的知识与信息，有效地突破了传统学习模式的束缚。随着该技术的日益精进，其在教育领域的应用普及度日益提升，大学语文教学亦应积极融入现代科技元素，以强化课堂教学的有效性与深度。实践表明，在大学语文课堂上适时采用多媒体手段，能够显著优化学生的学习体验与训练成效，因其融合文本、图像、音频等多元呈现方式，实现文字与图像间的灵活互动转换，从而激发学生的思考活力与学习兴趣，促成更加积极的课堂氛围。

多媒体以其直观性为特点，传递着教材中难以直观展现或日常生活中难以轻易触及的信息，极大地拓宽了学生的视野。通过多媒体展示，学生不仅能够领略古今中外的风土人情、探寻历史遗迹的文化脉络，更能在此过程中深受熏陶，激发对母语文化及优秀传统的深刻认同与探求欲望，进而增强民族自豪感与自信心。然而，需明确的是，多媒体技术虽为课堂教学的有力辅助，却非万能钥匙，其应用应因课制宜，适量适度。教师在教学过程中的主导地位不可动摇，多媒体仅是作为增强教学效果的工具，而非替代教师角色的存在。

（三）创建开放的教学模式

开放式教学模式的核心在于将静态的教学流程转化为动态的探索之旅，实现从传统知识传授向现代能力培养的根本转变。构建此模式，关键在于大学语文教师需勇于革新教育理念，对教学内容与流程实施全面开放策略，旨在拓宽学生视野，激发其学习大学语文的浓厚兴趣。在此转型过程中，教师应积极引领学生跨越课本界限，深入现实生活，设计开放性问题情境，鼓励学生间展开交流、辩论、深思、质疑与总结，以此促进师生间深度互动，共同营造出一种宽松愉悦、思维碰撞的课堂氛围。在大学语文的教学实践中，教师可巧妙融合新媒体技术，创新教学手段，使之更加多元化与丰富化。这一举措不仅丰富了教学表现形式，还为学生提供了更为广阔的学习平台与资源，进一步增强了教学效果与学生的学习体验。

（四）建立科学的考核方式

随着新媒体的广泛渗透，大学语文课程展现出愈加丰富的多元性特征，其教学趣味性亦在新媒体教学方法的巧妙运用下得到了显著提升。同时，构建科学合理的考核体系，在新媒体语境下的语文教学实践中占据了举足轻重的地位。面对新媒体时代的新要求，我们应当积极拥抱新媒体技术，对课堂教学内容、模式及评价体系进行全面革新，旨在激发学

生对大学语文的浓厚兴趣，并有效补齐网络教学中潜在的短板。为此，大学语文教师亟须构建一套系统、严谨且全面的考核评价体系，该体系应能够多维度、全方位地评估学生在整个学期内对大学语文知识的吸收与运用能力。此外，教师还应将学生在日常课堂中的积极参与与表现纳入最终成绩的考量范畴，以此作为激励学生自我管理与自主学习的有力手段，促进学生综合素质的全面提升。

（五）开辟语文第二课堂

大学语文的第二课堂，作为第一课堂的延伸与深化，其开发构建对于增进学生语文学习成效而言，是至关重要的策略与渠道，它紧密契合了当代大学语文教育的发展趋向，亦是提升教学实效性的关键举措。显而易见，仅凭有限的课堂教学时间，难以最大化地实现大学语文教学的全面效果，故而，积极拓展语文第二课堂显得尤为迫切。此举旨在促使学生在课堂之外，也能有效地运用并深化课堂所得知识与能力，一方面巩固课堂学习的成果，另一方面则通过实践环节，对所学知识进行验证、拓展与应用，从而实现知识的活学活用与深化拓展。鉴于大学语文课程时数普遍缩减的现状，积极探索并拓展第二课堂活动，实现课内学习与课外学习的无缝衔接，其战略价值尤为凸显：此举对于激发学生的创新思维与实践能力，进而全方位提升大学生的语文综合素养具有深远影响。第二课堂活动的形式丰富多彩，包括但不限于依据课程内容举办专题研讨会、引导学生自主搜集资料、开展小组讨论深化理解；定期策划文学作品朗诵比赛，激励学生从模仿迈向创作之路；鼓励学生改编课文，创作并表演课本剧、情景剧，实现课堂知识的课外延伸。例如，在学习鲁迅先生的《故乡》后，可围绕“少年闰土”的成长轨迹，组织学生想象，并撰写其成年后社会生活的散文，以此加深理解。在实施语文第二课堂活动时，首要原则在于寓教于乐，使学生在愉悦的氛围中自然吸收知识。其次，活动应秉持系统性、规划性与目标导向性，如组织调查报告撰写、作文竞赛与展览，以强化学生的写作能力；举办朗诵会与演讲比赛，以锻炼学生的听说技能。最后，需保持学生自主性与教师指导性的动态平衡，由于第二课堂活动在内容与形式上相对自由，学生拥有较大的选择权，因此，语文教师应扮演好引导者的角色，既避免活动的盲目与随意，又促进学生课外活动组织能力的成长。

参考文献

［1］陈文君．提高大学语文课堂教学有效性的相关思考［J］．才智，2015，(21)：130.

［2］陈爱昕．立足课文，促进初中语文教学有效性［J］．甘肃教育研究，2023（2）：60-63.

［3］蔡莎．核心素养下的高中语文课堂教学优化策略［J］．亚太教育，2023（5）：48-51.

［4］董进．中学语文现代诗生成性教学研究［D］．济南：山东师范大学，2019.

［5］党爱良．现代教育背景下提升小学语文阅读教学有效性的策略探究［J］．国家通用语言文字教学与研究，2023（3）：130-132.

［6］龚锦辉．初中语文生成性有效教学初探［J］．科学大众（科学教育），2011(02)：27.

［7］郭春晖．陶行知教育思想下初中语文写作教学有效性探析［J］．科学咨询（教育科研），2023（6）：206-208.

［8］韩宗峰．新课程理念下语文教学的有效性解析［J］．文学教育（上），2021(10)：90-91.

［9］李平．提高大学语文课堂教学有效性的途径［J］．中外企业家，2015（14）：171-172.

［10］李惠．初中语文生成性教学探析［J］．思茅师范高等专科学校学报，2011，27(2)：135-136.

［11］李永莲．研究在疫情影响下提高初中语文网络教学的有效性策略［J］．通讯世界，2020，27（6）：149-150.

［12］罗晓娇．提升小学语文看图写话教学有效性策略探究［J］．华夏教师，2022(29)：78-80.

［13］廖敏晴．浅谈语文课堂教学评价有效性的几个基本问题［J］．南方论刊，2023(10)：100-102.

［14］马红梅．浅谈高中语文阅读教学有效性的提升［J］．新阅读，2020（8）：

67-68.

［15］蒙玉强．情景式教学法提升初中语文教学有效性探究［J］．品位·经典，2021（19）：160-162.

［16］牛忠良．关于大学语文教育教学中渗透人文关怀的有效性实践［J］．汉字文化，2018（1）：21+25.

［17］齐立平．大学语文课程标准建设的途径分析［J］．文学教育（下），2020（6）：74-75.

［18］施莉．提高小学语文课堂教学有效性策略分析［J］．农家参谋，2020（10）：262.

［19］唐鑫．谈职高语文课堂教学的有效性［J］．科技风，2020（21）：66+75.

［20］魏涛．初中语文生成性教学有效性研究［D］．聊城：聊城大学，2022.

［21］王艳青．移动互联网在高中语文教学中的应用［J］．文学教育（上），2020（9）：84-85.

［22］王静．提高语文课堂教学有效性的研究［J］．牡丹江教育学院学报，2023（8）：118-119.

［23］杨能群．高中语文线上教学的有效性研究［D］．漳州：闽南师范大学，2021.

［24］余小慧．艺术类高职院校大学语文教学互动有效性探究［J］．大学，2020（24）：35-36.

［25］闫锡年．提高小学语文课堂教学有效性策略［J］．科教文汇（上旬刊），2020（7）：131-132.

［26］于青青．如何提高高中语文教学有效性［J］．华东纸业，2022，52（1）：87-89.

［27］张驰．生成学习理论视角下初中英语阅读教学行动研究［D］．合肥：合肥师范学院，2023.

［28］张玉芳．谈提高小学语文课堂教学有效性的几点思考［J］．科学咨询（教育科研），2020（4）：173-174.

［29］张晶．中等艺校语文阅读教学有效性探究［J］．齐齐哈尔师范高等专科学校学报，2022（2）：134-136.

［30］翟羽．语文教学有效性实现途径探析［J］．文学教育（上），2021（12）：174-176.